U0515189

中国粮食安全的财政保障政策研究

赵和楠　著

中国财经出版传媒集团

经济科学出版社
Economic Science Press

图书在版编目（CIP）数据

中国粮食安全的财政保障政策研究／赵和楠著．—北京：经济科学出版社，2022.4

ISBN 978 - 7 - 5218 - 3596 - 0

Ⅰ．①中…　Ⅱ．①赵…　Ⅲ．①粮食安全 - 财政政策 - 研究 - 中国　Ⅳ．①F326.11

中国版本图书馆 CIP 数据核字（2022）第 057846 号

责任编辑：白留杰　杨晓莹
责任校对：刘　娅
责任印制：张佳裕

中国粮食安全的财政保障政策研究

赵和楠　著

经济科学出版社出版、发行　新华书店经销

社址：北京市海淀区阜成路甲 28 号　邮编：100142

教材分社电话：010 - 88191309　发行部电话：010 - 88191522

网址：www. esp. com. cn

电子邮箱：bailiujie518@ 126. com

天猫网店：经济科学出版社旗舰店

网址：http：//jjkxcbs. tmall. com

北京密兴印刷有限公司印装

710 × 1000　16 开　12 印张　200000 字

2022 年 6 月第 1 版　2022 年 6 月第 1 次印刷

ISBN 978 - 7 - 5218 - 3596 - 0　定价：58. 00 元

（图书出现印装问题，本社负责调换。电话：010 - 88191510）

（版权所有　侵权必究　打击盗版　举报热线：010 - 88191661

QQ：2242791300　营销中心电话：010 - 88191537

电子邮箱：dbts@ esp. com. cn）

前　言

　　"民以食为天"，粮食是人类生存与发展的物质基础。纵观人类发展史，历次重大饥荒事件均导致人口的大量死亡和经济社会的严重衰退，其教训异常惨烈。也正因如此，当今世界各国政府均高度重视粮食安全问题，将保障粮食安全视为国家安全战略。就中国而言，中国人口众多，耕地等自然资源相对有限，资源"红线"问题不容忽视。同时，受自然灾害频发、粮食生产经营方式不科学等因素的影响，生态"红灯"问题日益凸显，加之供给侧粮食结构性矛盾等因素的制约，粮食安全中长期仍面临着严峻挑战，这就决定了保障中国粮食安全的极端重要性。可以说，粮食安全是中国国家安全的重要基础，是经济社会发展的"稳定器"和"压舱石"。

　　进一步讲，粮食安全的公共品属性、外部性属性及粮食生产的弱质性、基础性决定了政府对其扶持的必要性。作为国家治理的基础和重要支柱，财政政策成为国家粮食安全保障体系的天然构成。21世纪初，中国政府通过实施系列财政支持政策以促进粮食生产、保障粮食安全。伴随财政支持粮食生产资金规模的不断增长，经济新常态下中国财政收入增速正逐渐放缓，加之新冠肺炎疫情的冲击，2011～2020年全国财政一般公共预算收入增速由

25%整体上持续降至－3.9%，为改革开放以来的最低值。因此，面对粮食安全的严峻形势及财政支粮的实际困境，未来如何优化保障中国粮食安全的财政政策体系，提高财政资金使用效率，并最终保障国家粮食安全，则成为本书所要解决的根本问题。

本书在阐述财政保障粮食安全相关理论的基础上，对中国粮食安全形势进行了系统描述，进而回顾总结了财政保障国家粮食安全的政策演变过程，并对现行财政保障政策的整体成效及主要问题进行了定性评价，随后采用倾向得分匹配法（PSM）、双重差分法（DID）等实证分析方法对保障粮食安全的典型财政政策效果予以检验。结合定性及定量研究结论，比较借鉴国外财政保障国家粮食安全的有益经验，最后提出完善中国粮食安全财政保障政策的对策建议。除导论所做各项研究准备外，全书六章基本内容如下：

第一章深入阐述财政保障粮食安全的基础理论。介绍了粮食、粮食安全及其财政保障政策的概念与衡量，并界定了本书的具体研究范畴，即"粮食"根据具体研究场景选择适用的整体粮食范畴或谷物范畴，"粮食安全"则主要涉及粮食生产环节的粮食数量安全问题，这是基于粮食全产业链中生产环节源头性、基础性及关键性的考量。在此基础上，粮食生产的基础产业理论、粮食产业的弱质性、粮食市场的蛛网模型及粮食安全的公共产品属性、正外部性为财政保障粮食安全提供了理论依据，继而夯实了本书研究的理论基础。

第二章系统描述中国粮食安全形势。从总体上看，中国粮食安全形势当前整体良好但结构性矛盾凸显，且未来粮食安全形势仍旧异常严峻。具体到中长期我国粮食供求形势，则表现如下：在粮食供给侧方面，一是国内粮食生产现实约束显著，表现在资源承载能力减弱、自然生态环境失衡、比较利益低等。二是国外粮食进口风险性增强。在粮食需求侧方面，口粮需求、饲料用粮需求、工业用粮需求将引致粮食需求量的刚性增长。

第三章回顾梳理财政保障国家粮食安全的政策演进过程，并定性评价现行财政保障政策的整体成效及主要问题。中华人民共和国成立至今，中国财政支粮政策共经历四个发展阶段，这与各时期城乡发展战略、财政体制等密切相关。价格支持政策、挂钩直接补贴政策和一般服务支持政策构成当前中国财政保障国家粮食安全的政策框架，并促进了粮食播种面积、产量的持续增长，提升了粮食综合生产能力、粮食宏观调控能力及粮食国际合作水平。然而，经过多轮次、多地域、多角度的深入访谈调查，发现现行财政保障政策仍存在如下主要问题：一是粮食最低收购价政策扭曲市场机制，加深粮食结构性矛盾，加重政府财政负担。二是农机购置补贴范围、补贴操作不尽合理，表现在补贴目录缺乏绿色生产农用机具、部分机具难以适应地区粮食生产实际、补贴方案公布迟缓降低政策效应、"全价购补"增加购机主体支出压力等。三是农业支持保护补贴政策执行偏离目标，其中，耕地地力保护补贴政策设计仍以二轮承包耕地面积、计税耕地面积或土地承包经营权确权登记面积为补贴依据，忽略了耕地质量的保护与提升，而适度规模经营补贴则采取现金直补方式，易造成补贴资金"漏损"，不利于新型粮食经营主体可持续发展。四是农业保险保费补贴区域差异化不明显，补贴范围有待扩大。五是缺乏对新型粮食经营主体及粮食加工环节的财政激励。六是财政重点一般服务支持政策未充分实施，表现在农业基础设施建设及管护缺位、粮食绿色补贴不足、高标准农田建设设施不配套、粮食科技研发推广应用滞后等问题。七是主产辖区粮食安全责任与成本相脱离，"粮财倒挂"现象显著，补贴资金供给机制有待调整。

第四章实证检验财政保障国家粮食安全的政策效果。综合运用倾向得分匹配法（PSM）、双重差分法（DID）等研究方法对价格支持（粮食最低收购价政策）、挂钩直补（农机购置补贴政策）及一般服务支持政策（财政土地治理、产粮大县奖励政策）中的四项典型财政政策效果进行了检验，结果发现：一是粮食最低收购价政策对政策实施区粮食市场价格产生显著正向影响，存在托市效应，且托市效应引致的问题亦值得关注。二是农机购置补贴政策可显著促进粮食生产，其粮食增产效应短期并不稳定，长期则逐步释放，且粮食增产效应主产区＞主销区，平衡区则不存在粮食增产效应。三是财政土地治理投入在总体上对粮食生产具有显著正向影响，在产区异质性上粮食主产区、主销区及平衡区财政土地治理投入均存在显著的粮食增产效应，且增产效应主产区＞主销区＞平衡区，在资金投向异质性上仅高标准农田建设具备显著的粮食增产效应。四是产粮大县奖励政策显著促进了县域粮食生产，其粮食增产效应短期并不显著，长期则逐步释放，作用机制在于通过激励农户扩大粮食播种面积、增加化肥施用量、提升农业机械总动力等路径促进县域粮食生产。

第五章比较借鉴美国、日本、印度三国粮食安全的财政保障政策。对美国、日本、印度财政支粮政策演进及现行政策进行梳理、比较后得到如下启示：一是保留对主粮的价格支持，但应逐步调整以减少对市场的扭曲。二是实施"绿色补贴"项目，注重保护资源与环境。三是注重对新型粮食经营主体的财政扶持。四是加大对重点一般服务支持项目的供给。五是通过立法形式保障财政支粮政策顺利实施。

第六章提出完善中国粮食安全财政保障政策的对策建议。根据定性及定量研究结果，结合国际有益经验，提出如下对策建议：一是逐步推进价格支持政策调整转型。短期仍坚持并调整粮食最低收购价政策，但长期应逐步推进其向目标价格政策转型，实现"价补分离"，以减少对市场的影响，同时，还需注重粮食生产及流通信息平台建设，助力政策调整转型。二是系统优化挂钩直接补贴政策，包括调整农机具购置补贴政策、完善农业支持保护补贴政策、健全农业保险保费补贴政策、统筹推进生产者补贴政策以及整合优化挂钩直接补贴政策重点扶持新型粮食经营主体发展等。三是强化实施财政一般服务支持政策。应加强财政对农业气象、农田水利设施、农业科技的扶持力度，通过测土配方施肥补贴、财政直接投资等形式支持粮食绿色清洁生产，重视财政农田建设投入，优化资金使用结构，完善产粮大县奖励政策，注重培育新型职业农民。四是配套改善财政支粮资金供给及管理体系。通过构建粮食安全责任与成本相统一的补贴资金供给机制，多举措科学管理财政支粮资金，并逐步完善财政支农立法体系，以释放财政保障政策效应，提高资金使用效率。

本书可能的创新主要体现在两个方面：一方面，研究内容系统全面、特色鲜明。首先，基于整体系统观，对中国粮食安全形势、中国财政支粮政策全貌（演进、成效、问题等）及中国粮食安全财政保障政策优化设计予以系统性、全面性探究，以展示财政之治保障国家粮食安全的全貌。其次，从中国现行财政支粮政策框架中选择粮食最低收购价政策、农机具购置补贴政策、财政土地治理项目、产粮大县奖励政策四项长期稳定实施的典型财政支粮政策，实证检验各政策之于粮食安全的保障效果，进一步充实了学界关于财政支粮效果评估的研究。值得一提的是，文中财政土地治理投入对粮食生产的影响研究，为我国"藏粮于地""藏粮于技"战略的深入实施提供了经验证据。同时，基于中观县域视角，评估产粮大县奖励政策对县域粮食生产的影响，更是有效弥补了学界对该问题研究的"短板"，这些均为较之于既往研究的重要突破。另一方面，研究方法统筹兼顾、科学合理。首先，统筹兼顾规范性分析法与实证性分析法，兼顾定性研究与定量研究，兼顾"田野调查"与"模型检验"，既解释了财政保障国家粮食安全的多维学理、作用机制，又揭示了财政保障中国粮食安全中存在的主要问题，并评估了典型财政支粮政策的实施效果，提升了研究的导向力、说服力和可信度，为系统完善中国粮食安全财政保障政策指明了方向。其次，实证检验中倾向得分匹配–双重差分法（PSM–DID）用以检验产粮大县奖励政策之于县域粮食生产的因果性影响，既有助于解决处理组和对照组在政策实施前不满足平行趋势假设所引致的内生性问题，又可以相对准确地评估产粮大县奖励政策的净效应并减少估计误差，是政策效果评估中因果性分析的相对精准、科学的估计方法。

本书可能的不足表现在受数据可获性、新旧政策交替、新兴政策实施期短等因素的影响，实证章节仅选择四项典型代表性政策评估其效果，未能对保障粮食安全的更多具体性财政政策效果进行实证检验，这也是后期有待深入研究的领域。

总体而言，本书坚持"问题提出—理论研究—现实描述—实证研究—经验借鉴—政策建议"的基本研究脉络，通过多种研究方法的运用，挖掘财政保障国家粮食安全的多维学理，描述中国粮食安全所面临的严峻形势及财政保障国家粮食安全的整体框架、成效与问题，继而检验典型财政支粮政策的实施效果，结合美国、日本、印度三国财政保障国家粮食安全的有益经验及前文定性定量研究结论，提出完善中国粮食安全财政保障政策的对策建议。通过本书，希望在丰富相关理论成果的同时，能够为新时期财政保障中国粮食安全贡献智慧力量，最终助力保障中国粮食安全。

目　录

导　　论

一、研究背景

粮食是人类生存的能量来源与物质基础，而粮食安全则事关国家稳定与经济社会发展，促进粮食生产、维护粮食安全早已成为当今世界各国的普遍共识。追溯历史，早在 2600 多年前先秦管子就在其《治国》篇中阐述了粮食安全的重要性，"民事农则田垦，田垦则粟多，粟多则国富，国富者兵强，兵强者战胜，战胜者地广。是以先王知众民、强兵、广地、强国之必生于粟也"。回归现实，因"粮食危机""粮食风暴"所引致的大面积饥荒、地区骚乱、经济崩溃、政局动荡等沉痛教训不胜枚举。正如美国前国务卿基辛格所言："谁控制了粮食，谁就控制了整个人类。"可以说，粮食安全始终是事关各国社会安宁、政治稳定、经济繁荣的敏感性、关键性议题，世界各国均将保障粮食安全置于极为重要的地位。

新中国历届政府均高度重视粮食安全问题。早在 20 世纪 60 年代初，中共中央即发出《关于全党动手，大办农业、大办粮食的指示》，强调"农业是国民经济的基础，粮食是基础的基础"。改革开放后，两代中央领导集体更是通过相应的制度设计与政策实践助推粮食生产、保障粮食安全。进入 21世纪，中央连续出台 18 个（2004～2021 年）事关"农业、农村、农民"的"一号文件"，共同构成新时期农业发展政策的制度框架，对粮食生产、储存等环节实施多项支持与保护政策，促进了粮食产量的持续稳定增长。数据显示，2004～2020 年，中国粮食生产总量实现了半个世纪以来的首次"十七连丰"，并首次将粮食产量连续 6 年（2015～2020 年）保持在 6.5 亿吨以上[①]，

---

① 根据国家统计局《中国统计年鉴》（2005～2021）整理所得。

为保障人民切身福祉，实现中国经济社会的平稳快速发展奠定了坚实的物质基础。

然而不容忽视的是，中国粮食安全所面临的形势仍旧异常严峻。一是国内粮食生产现实约束显著，表现在资源承载能力减弱、自然生态环境失衡、比较利益低等方面；二是国外粮食进口风险性增强；三是口粮需求、饲料用粮需求、工业用量需求及种子用粮需求引致粮食需求刚性增长。与此同时，粮食"十七连丰"背后亦存在诸如未来"谁来种粮""如何种粮"粮食高产量、高进口量和高库存量并存的"三高"压力、粮食结构性矛盾、"粮财倒挂"等隐性危机，共同挑战中长期中国粮食安全保障能力。

粮食安全的公共品属性、外部性属性及粮食生产的弱质性、基础性决定了政府对其扶持的必要性。作为国家治理的基础和重要支柱，财政支持政策成为国家粮食安全保障体系的天然构成，相应的财政支粮资金规模亦不断增长。纵览当前中国财政支粮政策框架，其主要由价格支持政策、挂钩直接补贴政策及一般服务支持政策构成。数据显示，2009～2019 年全国财政一般公共预算支出中主要涉粮支出项目由 7851.98 亿元持续增长至 13324.93 亿元，增幅达 69.7%，年均增幅为 5.43%[①]。面对粮食安全的严峻形势及财政涉粮支出的实际困境，现行财政支粮政策实施效果如何、存在哪些问题，未来该如何优化保障中国粮食安全的财政政策体系，并有效提高财政支粮资金使用效率，最终保障国家粮食安全，则成为本书所要解决的主要问题。

二、研究意义

粮食安全既是一个经济问题，又是政治问题和社会问题；既是一个现实问题，又是一个理论问题。以"中国粮食安全的财政保障政策研究"为题，主要基于如下理论和现实意义：

1. 理论意义

（1）明晰不同类型财政支持政策保障粮食安全的作用机理。财政政策作

---

① 此处主要涉粮支出仅包括"农林水支出"项目中的农业、水利、农业综合开发支出及"粮油物资储备支出"，不包括目标价格补贴等。数据根据《中国财政年鉴》（2010、2020）整理计算所得。

用机制一般是借助于价格、成本收益、要素配置等市场经济变量，影响企业、农户的生产、消费行为等中间环节，进而实现调控经济产出，向目标变量转化的一个活动路径。事实上，这一转化过程及运行机理非常复杂，尤其是对于保障粮食安全的不同类型的财政政策而言，其影响机理和路径更是存在着诸多差异，而传导路径的畅通、有效与否，对于政策设计目标能否顺利实现至关重要。因此，本书有助于深入探究不同类型财政支持政策保障粮食安全的作用机理，这既是进一步充实财政支农理论的重要路径，又是连接补贴理论与实际政策保障效果的关键性环节。

（2）探究公共粮食安全与农民利益补偿间的平衡机制。粮食安全的公共性与粮食产品的私人性是粮食安全固有的一般性矛盾。一方面，粮食安全具有效用不可分性、受益非排他性和消费的非竞争性，也即粮食安全作为一种公共产品而存在，需要政府着力促进粮食生产、保障粮食安全；另一方面，二元经济背景下农业、农村和农民问题历史上曾长期处于政府"偏好函数"之外，且比较利益下种粮农户作为理性"经济人"，显然可以根据自身利益最大化原则自主决定是否种粮，以及种植面积和种类。显然，作为政府与农民利益博弈的产物，如何通过补贴政策的不断优化和完善以实现公共粮食安全与农民利益补偿间的均衡，是一个亟待解决且无法回避的问题，本书则有助于构建公共粮食安全与粮农利益补偿之间的平衡机制。

（3）构建财政支粮效率及公平的良性互动格局。效率和公平均服从于人类福利最大化的目标，具备逻辑的一致性。同时，效率与公平具备内在的耦合性，表现为效率的提升，为更高程度公平的实现奠定物质基础，而符合多数人利益的公平模式则可有效调动行为人的能动性和积极性，从而促进效率的提升。进一步讲，注重效率及公平是财政支粮所要坚守的基本原则，补贴效率的提升可缓解特定时期可支配财政资金的有限性与持续增长的补贴需求间的矛盾，通过对资源合理有序的二次分配，有助于实现产区间、城乡间、产业间及农民内部间的公平，而当粮食产区、粮食生产者的生产积极性被广泛调动后，其生产经营决策及由此带来的要素投入的变化可有效释放农业补贴的政策效应，从而提高补贴资金的使用效率，并最终实现补贴内部效率与公平的良性互动。

（4）实现政府决策与不同涉粮主体偏好的内在耦合。政府与不同涉粮主体间同样存在着信息不对称，从而造成微观需求与政府供给的偏差，以至于政策失效、资金浪费。事实上，农户等涉粮主体相较于政府更具备粮食生产及粮食市场的信息优势，只有将不同涉粮主体的偏好及诉求纳入政府的"决策函数"当中，才能有效提高政府决策的科学性、可操作性。换而言之，考量并采纳涉粮主体偏好及诉求有助于提升政府的决策水平，而政府决策水平是否科学亦能从涉粮主体主观偏好与诉求中得到反映。结合本书研究内容，针对部分粮食主产省涉粮主体的多轮次微观调查则有助于实现二者的内在耦合。

2. 现实意义

（1）有助于稳定粮食生产，维护粮农利益，实现粮食增产粮农增收"双赢"。面对人口的逐渐增长、资源环境约束的加剧及粮食多功能性需求的开发，未来中国粮食供需仍面临着"紧平衡"格局。此外，受比较利益低、农业生产面临双重风险等因素的影响，粮农利益难以得到有效保障，种粮积极性不高，未来"谁来种粮"亟待解决。基于此，本书试图通过财政政策的优化创新以实现维护粮食安全和粮农增收的双重目标，从而提高粮农生产积极性，既保障粮食的充足稳定供给，也保证粮农的种粮基本收益，实现粮食增产粮农增收"双赢"。

（2）有助于整合完善现有财政支粮政策，提高财政资金使用效益。21世纪初所实施的诸多财政支粮政策已稳定运行十余年，其政策效应同样存在边际效用递减，价格支持政策、挂钩直接补贴政策及一般服务支持政策等均不同程度暴露出亟待解决的问题。同时，新常态下中国经济增速放缓，加之受新冠肺炎疫情的冲击，2014～2020年财政收入增长速度整体上呈持续下降态势，2020年增速为－3.9%，降至改革开放以来的最低值，财政支出压力不容忽视。本书通过详尽分析既有财政支粮政策存在的问题，结合相关数据检验政策实施效果并探究原因，在此基础上基于保障国家粮食安全和促进粮农增收的目标，整合完善既有的财政支粮政策，以提高财政支粮资金的使用效益。

（3）有助于夯实国民经济持续健康发展的基础，促进社会稳定与和谐发展。农业是国民经济的基础产业，而粮食生产则是农业生产的基础。历史经验证明，一国或地区经济的波动首先是农业的波动，而农业生产的波动首先表现为粮食供给的波动。粮食的充足供应可确保劳动者获得维持其生理机能所必需的足量且富含营养的食物，进而更有效率地从事劳动生产。同时，作为基础性产业，粮食安全可确保粮食市场物价稳定，进而促进国民经济各部门的协调发展。因此，本书在宏观层面有助于夯实国民经济持续健康发展的基础，同时促进社会稳定与和谐发展。

三、文献综述

从人类社会发展的历史看，粮食不仅是民众日常消费结构中最重要的生活必需品，更是关系到国家经济发展、社会稳定和主权安全的战略性物资。可以说，粮食安全具有显著的政治经济学意义，其是国家安全的重要构成（胡岳岷，2007），并与能源安全、金融安全共同构成世界三大经济安全（许世卫，2009）。进一步讲，囿于粮食生产的基础性、弱质性及粮食安全的公共性、外部性，客观上需要政府通过必要的制度安排予以扶持，而作为宏观经济调控和资源配置的有效工具，财政政策成为各国促进粮食生产、保障粮食安全的共同政策选择（赵和楠、侯石安，2019）。由此，围绕粮食安全的财政保障问题，国内外学界从不同的视角展开了诸多有益的探讨。

（一）财政保障国家粮食安全的理论依据及作用机理研究

明晰财政保障国家粮食安全的理论依据是学界研究粮食安全的财政保障政策所要解决的首要问题，故较多的文献成果均集中于学界研究初始阶段。早期学者如舒尔茨（Schultz，1987，1991）、萨缪尔森（Samuelson，2008）等从改造传统农业、农业基于经济增长的重要性及农产品比较价格下降视角阐述政府扶持农业生产（尤其是粮食生产）的理论缘由。随后，学者们延续上述视角或基于其他理论阐述了财政保障国家粮食安全的多维学理：一是农业兼具基础性与战略性，既是基础性的战略产业，又是战略性的基础产业，直接决定着中国现代化成败（王国敏，2009）；二是农业生产面临着自然和市场的双重风险，粮食安全具备公共产品属性，粮食产业具备弱质性、低效性，有必要对粮食生产予以补贴，且对农业进行补贴本质上是政府向农民购买公共产品的行为（邓小华，2004；徐全红，2006）；三是粮食生产具有外部性，尤其是其正外部性的收益，通过补贴可实现外部效益的内在化（韦苇、杨卫军，2004）；四是粮食供求弹性的特殊性（即"蛛网模型"），粮食供需任何一方的轻微变化均会导致粮食价格更大幅度的波动，并通过产业链条引起国民经济的非平稳发展，故而对粮食产业进行补贴，平抑价格波动，成为学者们（黄雪琴等，2003；方松海、王为农，2009）普遍认可的观点。

在不同类型财政支粮政策的作用机理层面，学者们同样进行了理论探究。例如，钱加荣和赵芝俊（2019）、赵和楠等（2020）认为粮食最低收购价政策通过改变粮食市场供求状况以支撑粮食市场价格，临时收储政策则通过低买高卖手段平稳市场价格，提前公布支持价格水平通过释放市场信号、形成市场预期继而影响粮食市场价格走向。相较而言，直接补贴则在于弥补要素价格、劳动力机会成本和土地机会成本上升带来的影响，尤其是直接针对投入品的补贴，更能起到事前激励的作用（方松海、王为农，2009），王许沁等（2018）从激励效应与挤出效应阐述了农机购置补贴政策的理论机理，周静（2020）等则认为农业支持保护补贴主要通过收入效应以影响稻作大户生产投入行为。此外，诸如农业科技、基础设施等在内的财政公共投入则会显著改善粮食生产的基本条件，继而使得粮农在私人投入不变的情况下提高粮食单位面积产量，或在产量不变的情况下降低必要的私人成本（朱晶，2003；Teruel，2005），从而提高粮农从事粮食生产的积极性。

（二）粮食安全的财政保障政策及其效果研究

根据发达国家多年的实践经验，保障国家粮食安全的财政支持政策大致分为如下两类：一是针对粮食生产者的财政支持，如价格支持政策、直接补贴政策等；二是政府一般服务支持，即政府对粮食生产部门的财政直接投资，包括教育培训、基础设施建设维护、农业科技推广使用、资源环境保护等（程国强，2011）。近年来，学界对上述财政支持政策进行了介绍，并利用规范或实证分析方法对政策效果进行了检验。

1. 价格支持政策及其效果研究

尽管不同国家价格支持政策具体类型存在差异，但多数研究成果（Johnson，1975；Bruce，1985；Ali，2012）表明给予粮食生产者必要的价格支持对粮食产出有显著的促进作用。在价格支持政策托市效应上，学者们（Kang，2011；Gopakumar，2014）较为一致地认为粮食价格支持政策之于市场粮价提升、稳定是有益的，然而纳入时间因素后发现，粮食价格支持政策的托市效应长期会逐步减弱甚至消失（Kim，2002）。

就中国而言，现行价格支持政策以粮食最低收购价政策为主要实践形式，部分学者首先对该政策执行情况进行定性研究，继而肯定了该项政策对促进粮食生产、稳定粮食价格、增加粮农收入、确保粮食安全层面所产生的积极意义（施勇杰，2007），而伴随该项政策的深入实施，其政策设计所存在的问题也逐渐凸显，主要表现在：一是粮食市场价格不稳定，并助推国内粮价的上涨。二是减缓了国有粮食企业市场化改革的步伐。三是造成诸如"稻强米弱""麦强面弱"等现象的出现，从而阻碍加工企业的发展。四是由粮食库存量增大所引致的粮库修建、修缮及粮食保管等所产生的财政补贴会进一步增加国家财政负担，故粮食最低收购价政策的长期实施将加剧中长期财政的支出压力（李勇、蓝海涛，2007；贺伟，2010）。此后，学者们运用多种实证分析方法定量评估粮食最低收购价政策的实施效果。张建杰（2013）结合宏观数据，运用简单数理统计分析方法验证了小麦最低收购价政策的托市效应及其"外溢性"；王力、孙鲁云（2019）运用双重差分法估计后发现粮食最低收购价政策有助于稳定小麦价格波动，但对水稻价格的稳定作用并不显著；周静和曾福生（2019）、刘大鹏等（2020）则具体实证探究了粮食最低收购价调整对粮农种植结构、生产行为选择的影响。

2. 直接补贴政策及其效果研究

直接补贴政策在理论上会改变粮食生产者的成本收益函数继而影响到诸如土地、劳动力、资本等要素的投入。国内外直接补贴政策项目众多，学者们既对各具体补贴项目进行了分项研究，也从补贴整体进行了整体性研究。

国外学者们首先就各具体财政补贴政策效果予以评估，如格雷等（Gray et al.，2001）利用美国 1997～2000 年 11 个州的数据构建面板数据模型，发现美国的生产灵活性合同及市场损失援助政策均可在一定程度上促进主要农作物种植面积的扩大；玛丽（Marie，2012）、比曼（Beaman，2013）、阿卜杜拉耶（Abdoulaye，2017）研究发现马拉维、马里、塞内加尔政府通过向粮农提供化肥或优良种子补贴，可提高粮食生产效率，减少境内普遍性饥饿；卡兰（Karlan，2014）认为当农户获得农业保险支持或政府贷款补贴时，其增加农业投资及经营规模的可能性就随之增大；明维尔（Minviel，2017，2018）、维加尼（Vigani，2020）等分别基于法国、英国的农场数据，评估公共补贴、单一农场支付之于农场农业技术效率的影响，结果显示上述补贴项目与农场农业技术效率均呈现负相关关系，而英国的农业环境补贴则对农场的短期盈利能力产生正向影响，有益于农场经营规模的扩大。同时，部分学者关注补贴整体的实施效果，如维卡门（Vercammen，2007）通过构建随机动态规划模型，发现无论农户的风险规避程度大小如何，直接补贴可缓解其信贷约束，对其有显著的农业投资激励效应；希沙姆（Hisham，2004）、玛丽（Mary，2006）研究发现，无论是"挂钩"补贴抑或"脱钩"补贴均会对农户的农业劳动参与和供给有正向影响，且挂钩补贴比脱钩补贴对于农户减少非农劳动时间的作用更强。与上述对补贴整体效果的评估结果不同，巴勒森蒂斯（Balezentis，2015）运用多方向效率分析法（MEA）测度了立陶宛家庭农场的产出效率，发现财政补贴占总产出的比例与产出效率呈负相关关系，贝苏斯帕里耶（Besuspariene，2020）则以 Logistic 回归模型进一步检验了立陶宛财政补贴和税收政策对其家庭农场经济生存能力的影响，并得出财政补贴并不对家庭农场经济生存能力产生显著影响的研究结论。

国内学者们就农机购置补贴政策、农业保险保费补贴政策、农业支持保护补贴政策、玉米和大豆生产者补贴政策等主要直接补贴政策的实施效果开展了分项或整体性研究。

围绕农机购置补贴政策，周应恒等（2016）基于 1998～2007 年农业机械行业企业数据，运用 SFA－PSM 方法检验后发现农机购置补贴政策不利于农机企业技术创新；潘经韬、陈池波（2018）利用 2004～2013 年省级面板数据检验后得出农机购置补贴促进了农机作业服务市场发展的结论，且粮食主产区的影响效应强于非粮食主产区；陈径天等（2018）基于广东省 19 地市调研数据，检验后发现农机购置补贴政策对农业劳动力转移具有促进作用；杨义武、林万龙（2021）运用多种实证分析方法验证了农机购置补贴促进了农民增收，且增收效应随着时间推移、政策完善而增强，并具备群体异质性；田晓辉等（2021）首先评估了农机购置补贴政策之于农业机械化水平的提升效应，继而发现政策对不同污染性农业生产行为的影响存在差异性和滞后性。围绕农业保险保费补贴政策，由于粮食生产面临双重风险，而农作物保险市场难以由私人企业承担，由公共财政补贴农业保险便成为当今市场经济国家的普遍做法（柏正杰，2012）。针对中国自然灾害频发并对农业生产造成破坏的现实，农业保险对鼓励农民扩大粮食播种面积具有显著影响，因而从保障粮食供应、维护粮食安全角度出发，应加大中央财政对欠发达地区政策性农业保险的财政扶持力度（罗向明等，2011）。在这一过程中，从福利经济学视角（孙香玉、钟甫宁，2008）分析农业保险保费补贴的福利含义后发现，补贴过多或不足均会减少福利水平，故而应首先从理论上确定农业保险保费补贴的最优边界（胡炳志、彭进，2009），如此方能使农业保险市场机制对各期赔付支出及保费收入波动进行自发的逆向调节，实现农业保险市场的供求平衡（段文军、袁辉，2013）。近年来，学者们运用多种分析方法对农业保险保费补贴政策的效率及影响因素（江生忠等，2015）、转移支付效应（张祖荣，2017）、激励实效（张若瑾，2018）、补贴绩效体系及应用框架构建（谢波峰，2021）等展开定量或定性研究。围绕农业支持保护补贴政策，该政策是农业"三项补贴"改革的产物，于 2016 年在全国实施，故而既有研究成果相对有限，且主要运用实证分析方法聚焦于政策认知及其对满意度的影响（周静、曾福生，2019）、政策促进规模农户种粮的效果评估（许庆等，2020）等。围绕玉米/大豆生产者补贴政策，学界既围绕粮食生产者补贴政策制度渊源、理论基础与改革方向（王文涛、张美玲，2019）、实施效果及完善（宫斌斌等，2021）展开规范性分析，又对生产者补贴政策影响农户种植结构调整的实施效果（田聪颖、肖海峰，2018；周扬等，2021）予以实证检验。此外，部分学者（李冬艳，2014；侯石安、赵和楠，2016；赵和楠，2019）立足于农业补贴政策整体视角，以保障国家粮食安全为导向，对补贴政策演进、存在问题及未来的优化取向进行了整体、系统性探讨。

3. 一般服务支持政策及其效果研究

政府所实施的一般服务支持政策对农业生产及贸易扭曲影响很小或极其微弱，其相关支出多来源于纳税人，属于世界贸易组织《农业协定》规定的"绿箱"政策范畴，免于削减（穆月英，2010）。特别是在当前政策规制的影响下，粮食生产的一般服务支持政策得到学者们的普遍关注，焦点集中于财政农业基础设施建设、农业技术研发推广应用等领域。

在农业基础设施建设方面，特鲁埃尔（Teruel，2005）检验后发现水利灌溉、道路交通等农业基础设施有助于提高菲律宾的粮食生产效率；凯思琳等（Kathleen et al.，2010）运用空间计量方法再次验证了诸如灌溉、交通等基础设施与粮食生产效率呈显著正相关关系；穆罕默德（Mohammad，2017）采用柯布－道格拉斯生产函数及广义矩法（GMM）研究后发现农民通信技术的获取对农业产出的影响是有益的，政府应考虑加大财政对农业通信基础设施的扶持。就国内学界而言，蔡保忠、曾福生（2017）系统评估了2000～2013年中国28个省份农业基础设施投入的粮食增产效应，发现该项投入显著促进了中国的粮食增产，其增产效应呈现"主产区＞产销平衡区＞主销区"，且农业基础设施的粮食增产效应在第三年达到最大值，随后逐渐下降；在基础设施具体构成上，运用吉林省1989～2012年的面板数据检验后发现，农用机械设施及农田水利设施的粮食增产效应明显大于电力设施（谢小蓉、李雪，2014）。此外，曾福生、李飞（2015）及朱晶、晋乐（2016）另辟蹊径，具体研究了农业基础设施之于粮食生产成本的降本效应，发现不同类型农业基础设施投入可有效降低粮食生产的平均成本，其中农村道路建设、农田水利设施主要节约劳动与物质资料投入，电力设施则主要节约资本投入。

在农业技术方面，加尼特（Garnett，2013）认为当传统生产要素遭遇投入"瓶颈"时，未来农业及粮食安全需借助于新的农业技术，以实现农业的可持续生产；卡比拉（Kabila，2018）研究发现增加用于农业科技革新与应用推广的财政公共投资可有效提高区域种植作物的利用率，甚至实现作物"替代"，这对于严重依赖粮食进口的国家而言很有启发。就中国而言，21世纪初中国农业科研与技术推广体系及相关支持体系的不足造成农业科技供需双重不足的矛盾（张少兵、王雅鹏，2007），粮食综合生产能力的科技支撑作用尚未充分发挥，表现在农业科技自主创新能力不强、农机推广体系不健全、农业科技人才短缺且管理体制不顺等方面（翟虎渠，2010），而保障国家粮食安全"一靠政策，二靠科学，三靠投入"，加快农业科技创新与应用推广是未来保障和提高中国粮食综合生产能力的关键（翟虎渠，2004）。同时，卢昆、郑风田（2007）运用格兰杰因果关系检验后表明，中国财政农业科技投入对粮食总量的增长有显著影响，尤其是 1985～2010 年中国粮食生产中的科技进步速度达 0.76%，科技进步对粮食生产的贡献率高达 51.70%，农业税减免后粮食生产的科技进步贡献率得到进一步提升（姜松等，2012）。在具体的财政支持农业科技的研究选择上，除农机购置补贴政策外，另有学者（邓祥宏等，2011；乔金杰、穆月英，2015）则以测土配方施肥补贴为例，运用实证分析方法探讨了这一农业技术补贴政策的实施效果、补贴地区优先序等问题；赵和楠、侯石安（2021）检验后发现财政土地治理投入可有效促进粮食生产，进而为"藏粮于地""藏粮于技"战略的一体推进提供了经验证据。

（三）财政保障国家粮食安全的国际经验教训研究

在美国，20 世纪 30 年代起便对农产品进行补贴，随后在经济发展的不同阶段对农业补贴政策进行动态调整，2018 年末出台的农业法案《农业提升法案》搭建了美国 2019～2023 年农业补贴的大致框架。赵和楠（2019）分别从农产品支持项目（价格损失补贴和农业风险补贴）、作物保险项目补贴、资源环境保护补贴、典型一般服务支持政策角度对美国 2018 年农业法案予以较为翔实的介绍，并指出应借鉴美国价格损失补贴（PLC）和农业风险补贴（ARC）政策，逐步推进我国粮食最低收购价政策向目标价格政策转型。

在欧盟，1962 年实施农业补贴政策以来，通过定期的动态调整，使得欧盟的农业现代化水平升至世界前列，除价格支持和直接收入补贴外，其所实施的结构调整补贴对于农业结构调整、激励青壮年劳动力从事农业生产和农业创业活动效果显著（高玉强、沈坤荣，2014），值得中国辩证借鉴；王广深、侯石安（2009）对欧盟农业生态补贴政策作一介绍，谢玉梅、周方召（2013）对欧盟 20 世纪 90 年代以来的有机农业支持政策进行了探讨，欧盟所实施的农业环境计划、有机运动、公共农业政策改革等政策，配合有机农业转换期补贴、维持补贴、农业环境补贴等多元化的补贴举措，有效助推了成员国有机农业生产的发展。

在日本，农业劳动力老龄化、人口和自然资源禀赋的现实约束与中国类似，针对山区半山区所实施的直接补贴制度开启了日本从价格支持向直接补贴方式转变的进程（胡霞，2007）。尽管当前日本价格支持政策规模仍占主体，但诸如农地流转和农业就业有关补贴、收入补贴、农业和农村基础设施建设补贴、农村建设与食品安全补贴以及科技研发与推广补贴仍稳定了粮食等主要农产品的市场价格，保障了主要农产品的有效供给（董理，2012；蔡鑫、陈永福，2017）。此外，日本所实施的"户别收入补贴制度"以刺激旱田作物增产、提高粮食自给率为目标，其内在包含食用大米补贴、有效利用水田的补贴、旱田作物补贴、规模扩大附加补贴、农地再生利用补贴及绿肥轮作附加补贴等（王国华，2014），对于保障日本粮食安全有重要的助推作用。

当然，另有学者对其他国家支持粮食安全的财政政策进行了介绍，如马晓春、宋莉莉、李先德（2010）介绍了韩国农业补贴政策的演进历程，并重点就其对从事"环境友好型"生产的农户实行直接支付政策、实施"营养综合管理"计划并取消对化肥及杀虫剂的补贴、注重改善农业基础设施及农业科技研发推广等作一介绍；刘瑞涵、张怀波（2010）认为俄罗斯虽然仍以对市场扭曲最明显的价格支持政策为主，但其对粮食安全所起到的利好效果无疑是最明显的，且在俄罗斯未来的补贴政策导向中，已强调增加其处于弱势地位的一般服务支持项目的投入力度；宗义湘、阎琛、李先德（2011）在对比介绍世界贸易组织（WTO）与经济合作与发展组织（OECD）农业支持政策评价指标及方法的基础上，对巴西农业支持政策的规模、结构及演进进行了描述，其所实施的信贷补贴（如种植信贷等）、农业保险补贴、产品售空计划、公开出售期权合约体系、政府采购计划及对农村公共基础设施建设的支持等均有效保障了粮农收益，促进了农业综合生产能力的提升；赵和楠（2013）具体介绍了印度所实施的农产品价格支持政策（如最低支持价格、市场干预价格、缓冲库存储备、定向公共分配系统政策等）、投入品补贴政策（如化肥补贴、电力补贴、灌溉补贴等）、一般服务支持政策（如农业科技研发推广、农业基础设施建设维护等），并指出上述财政支持政策有效促进印度粮食等主要农产品产量的增加，降低了进口依存度，提高了生产者和消费者的福利水平，但同时无疑也加重了印度的财政负担，并在一定程度上制约了印度农业的可持续发展；肖卫东等（2013）在充分借鉴美国、西班牙等65个被调查国财政对农业保险保费的补贴政策后，指出中国公共财政对农业保险的保费补贴力度仍明显偏弱。

（四）家庭成员食品健康与营养均衡的财政政策研究

近年来，国外学界将粮食安全的焦点逐步由国家和地区层面转移至家庭层面，将粮食安全的研究范畴也由数量安全逐步扩展至质量安全、营养均衡等领域。普拉布（Prabhu，2017）认为亚洲大部分地区的粮食安全政策从保障粮食自给自足到注重综合营养均衡的转变进程非常缓慢，既有的讨论多是继续关注饥饿和热量缺乏，而非需要平衡的饮食以解决长期的微量营养不良，即便是旨在改善营养的社会福利计划也注重于确保热量的重组，忽略了饮食的质量和多样性；拉古纳坦（Raghunathan，2017）则结合印度 1161 户家庭调查数据，运用邻近域匹配和逆概率加权模型检验后发现，有条件的现金转移支付可使得家庭食品不安全等级下降 0.84，对改善家庭成员的食品安全状况是有益的。此外，丹尼尔（Daniel，2015）研究后发现脱钩农业补贴并非是对公共税收的不公平使用，反而有助于解决美国的肥胖问题；埃比尼泽（Ebenezer，2018）则基于 2014 年南非开普敦 3033 户家庭的入户调查数据，研究促进家庭饮食多元化及健康饮食的影响因素，结果发现针对家庭成员，尤其是家庭妇女的教育培训支出可显著提升家庭成员的整体健康饮食水平。

（五）简要述评

围绕粮食安全的财政保障政策这一主题，国内外学界均进行了相对全面的研究，并取得诸多有益的成果。国外学界对该问题的研究起步较早，其大致的研究脉络为由粮食的数量安全向质量安全、营养均衡转变，由宏观地区、国家层面的粮食安全向微观家庭层面转变，与之对应的财政支持政策则呈现由价格支持政策、直接补贴政策向财政一般服务支持政策及其他"绿箱"政策转变，这与发达国家工业化进程、农业现代化水平、WTO 贸易规制及整体经济发展状况等有关，而在研究方法上则更加注重实证分析方法的应用。相比而言，国内学界对该问题的研究大致从 20 世纪 90 年代后期开始并于 21 世纪初达到研究高潮，关注的焦点集中于粮食数量安全的财政保障政策问题，前期偏重于规范性分析方法的运用，后期实证类研究成果则逐步丰富。进一步梳理后发现，国内既有研究仍存在如下可能的不足：一是针对中国粮食安全整体形势及 21 世纪初以来稳定实施十余年的财政保障政策整体的系统性描述和评价相对不足，多从单一财政支粮政策视角展开局部性研究，难以把握中国粮食安全及其财政保障政策全貌；二是定量评估不同类型财政支粮政策中典型政策效果的文献成果略显不足，这与早期数据可获性、研究方法的限制有关；三是鲜有学者对中国粮食安全财政保障政策予以系统优化和科学设计，忽视了国家粮食安全是"一揽子"财政支粮政策共同作用的结果，继而难以实现财政支粮政策整体的帕累托改善。

基于此，本书的边际贡献在于：第一，系统阐述中国粮食安全及财政支粮政策全貌，并结合多轮"田野调查"结果定性评价、揭示中国粮食安全财政保障政策的成效与问题；第二，运用倾向得分匹配（PSM）、双重差分法（DID）等实证分析方法定量评估价格支持政策、挂钩直接补贴政策、一般服务支持政策中的粮食最低收购价政策、农机具购置补贴政策及财政土地治理项目、产粮大县奖励政策四类典型代表性政策的实施效果，提升政策效果检验的说服力；第三，结合质化研究、量化研究结论及国外有益经验，对中国粮食安全财政保障政策予以全面优化、科学设计，以财政之治保障国家粮食安全。

四、研究内容、方法及思路

（一）研究内容

本书在阐述财政保障粮食安全相关理论的基础上，对中国粮食安全形势进行了系统描述，进而回顾总结了财政保障国家粮食安全的政策演变过程，并对现行政策的整体成效及主要问题进行了定性研究，随后采用双重差分法（DID）等实证分析方法对保障粮食安全的典型财政政策效果予以检验。结合定性及定量研究结论，比较借鉴国外财政保障粮食安全的有益做法，最后提出完善中国粮食安全财政保障政策的对策建议。具体研究内容如下：

导论部分，主要涉及选题背景与研究意义、文献综述及各项研究准备。其中，选题背景部分初步点明中国中长期所面临的严峻的粮食安全形势及经济新常态下的财政支粮困境；文献综述部分则是对中外学界有关粮食安全的财政保障政策相关文献进行梳理，明确已有研究的成效及不足，并为本书可能的创新与突破指明方向；其他研究准备则包括研究内容、方法、思路以及可能的创新与不足等内容。

第一章，财政保障粮食安全的基础理论。主要解决两个问题：一是明确粮食、粮食安全及其财政保障政策的基本概念、范畴界定等；二是从理论上解释公共财政为什么要保障国家粮食安全，也即财政保障国家粮食安全的多维学理，从而为后文的研究奠定理论基础。

第二章，中国粮食安全形势的系统描述。首先就中国粮食安全形势进行总体判断，继而对中国粮食供给中长期面临的严峻形势进行描述，并分析中国粮食需求中长期增长趋势，从而从供给侧和需求侧全面把握中国粮食安全当前及中长期的整体形势。

第三章，财政保障国家粮食安全的政策演进及评价。主要包括四大研究内容：一是主要就财政保障国家粮食安全的政策演进进行阐述；二是具体介绍当前中国保障国家粮食安全的财政政策，主要涉及价格支持政策、挂钩直接补贴政策及一般服务支持政策中的具体政策构成；三是阐述现行保障国家粮食安全财政政策的整体成效；四是结合"田野调研"的结论总结现行保障国家粮食安全的财政政策所存在的主要问题，从而为后文补贴政策设计及具体政策建议的提出提供指引。

第四章，财政保障国家粮食安全政策效果的实证分析。本章为全书的难点，主要在价格支持政策、挂钩直接补贴政策及一般服务支持政策中各选择四项典型代表政策，运用多种实证分析方法评估粮食最低收购价政策、农机具购置补贴政策、财政土地治理项目及产粮大县奖励政策的实施效果，具体为粮食最低收购价政策的托市效应、农机购置补贴政策对省域粮食生产的影响、财政土地治理投入对省域粮食生产的影响以及产粮大县奖励政策对县域粮食生产的影响。

第五章，财政保障国家粮食安全的国际比较及经验借鉴。首先就美国、日本、印度所实施的保障国家粮食安全的财政政策予以介绍，进而分析相应的财政政策的基本特征，最后总结各国财政支粮政策对中国的启示。

第六章，完善中国粮食安全财政保障政策的对策建议。本章为全书的重点、落脚点和归宿，在阐明财政保障国家粮食安全目标定位、基本原则及总体思路的基础上，主要涉及四部分内容：一是逐步推进价格支持政策调整转型；二是系统优化挂钩直接补贴政策；三是强化实施财政一般服务支持政策；四是配套改善财政支粮资金供给及管理体系。

（二）研究方法

本书在宏观上将规范性分析方法和实证性分析方法相结合，在中观上则表现为描述性研究、解释性研究及应用性研究，在微观上则采用多种研究方法。在问题提出部分，主要采用文献分析、历史考察、描述分析等研究方法；在理论研究部分，主要采用文献分析、逻辑分析、演绎推理、总结归纳等研究方法；在粮食安全形势及财政政策描述部分，主要采用文献分析、描述分析、田野调查、深入访谈等研究方法；在实证研究部分，则在广泛的数据检索的基础上，运用不同类型的计量分析方法实证检验财政支粮政策在保障粮食安全方面的实施效果，并运用因果分析方法分析不同财政支粮政策检验结果存在的问题及原因；在经验借鉴部分，主要运用文献分析、历史考察、描述分析等研究方法；在政策建议部分，则主要采取总结归纳和因果分析的方法进行研究。

（三）研究思路

从宏观上统筹定性与定量研究，坚持"问题提出—理论研究—现实描述—实证研究—经验借鉴—政策建议"的基本脉络，研究思路见图1。

五、可能的创新与不足

本书可能的创新主要体现在两个方面：

一方面，研究内容系统全面、特色鲜明。首先，基于整体系统观，对中国粮食安全形势、中国财政支粮政策全貌（如演进、成效、问题等）及中国粮食安全财政保障政策优化设计予以系统性、全面性探究，以展示财政之治保障国家粮食安全的全貌；其次，从中国现行三类财政支粮政策框架中选择粮食最低收购价政策、农机具购置补贴政策、财政土地治理项目、产粮大县奖励政策四项长期稳定实施的典型财政支粮政策，实证检验各政策之于粮食

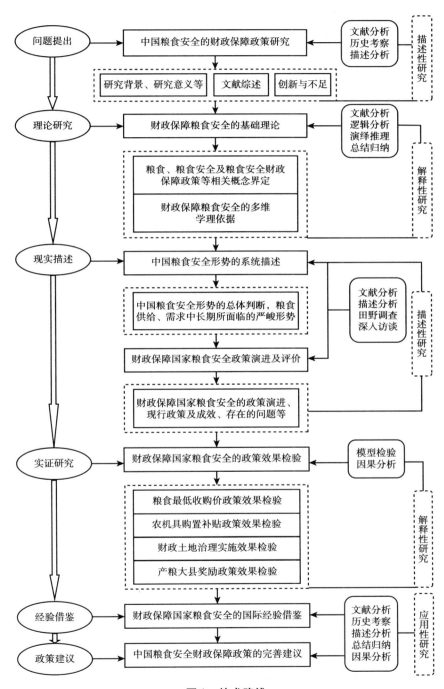

图 1　技术路线

安全的保障效果，进一步充实了学界关于财政支粮效果评估的研究。值得一提的是，文中财政土地治理投入对粮食生产的影响研究，为我国"藏粮于地""藏粮于技"战略的深入实施提供了经验证据。同时，基于中观县域视角，评估产粮大县奖励政策对县域粮食生产的影响，更是有效弥补了学界对该问题研究的"短板"，这些均为较之于既往研究的重要突破。

另一方面，研究方法统筹兼顾、科学合理。首先，统筹兼顾规范性分析法与实证性分析法，兼顾定性研究与定量研究，兼顾"田野调查"与"模型检验"，既解释了财政保障国家粮食安全的多维学理、作用机制，又揭示了财政保障中国粮食安全中存在的主要问题，并评估了典型财政支粮政策的实施效果，提升了研究的导向力、说服力和可信度，为系统完善中国粮食安全财政保障政策指明了方向；其次，实证检验中倾向得分匹配－双重差分法（PSM－DID）用以检验产粮大县奖励政策之于县域粮食生产的因果性影响，既有助于解决处理组和对照组在政策实施前不满足平行趋势假设所引致的内生性问题，又可以相对准确地评估产粮大县奖励政策的净效应并减少估计误差，是政策效果评估中因果性分析的相对精准、科学的估计方法。

本书可能的不足表现在受数据可获性、新旧政策交替、新兴政策实施期短等因素的影响，实证章节仅选择四项典型代表性政策评估其效果，未能对保障粮食安全的更多具体性财政政策效果进行实证检验，这也是后期有待深入研究的领域。

第一章

财政保障粮食安全的基础理论

首先就粮食、粮食安全及粮食安全财政保障政策的概念、衡量标准进行说明，并指出本书研究的范畴界定，继而分析财政保障粮食安全的学理依据，从而奠定全书的理论基础。

第一节　相关概念界定

一、粮食的概念

粮食在《辞海》中给予的解释是"供食用的谷物、豆类和薯类的统称"，这与《国家粮食安全中长期规划纲要（2008—2020 年）》中对"粮食"的解释是一致的。事实上，在中国有关粮食的概念有广义和狭义两种释义，广义的粮食即是指用于食用的谷物类（包括小麦、水稻、玉米）、豆类和薯类，中国统计部门长期以来的对内统计均以此概念为准；狭义的粮食则仅指谷物类，即小麦、水稻和玉米三大主粮及其他杂粮。其中，小麦及水稻则为日常所说的口粮。相比之下，联合国粮农组织（FAO）所定义的粮食概念则仅为谷物，即包括小麦、水稻、玉米、大麦、高粱等，不包含豆类和薯类，与中国所定义的粮食的狭义范畴相吻合。换而言之，在进行国内外粮食相关指标比较时，应注意国际通行的粮食概念与中国狭义粮食的概念相一致。此外，习近平总书记的"大农业"思想提出应树立"确保谷物基本自给、口粮绝对安全"的新粮食安全观,并成为国家粮食安全的战略底线。因此,结合国内规划纲要、统计惯性及国际指标比较等。

二、粮食安全的内涵及衡量

伴随经济社会的发展,粮食安全的内涵同样在动态完善。1974 年召开的第一次世界粮食首脑会议将"粮食安全"定义为"确保所有人在任何时候均可获得维持生存和健康所需要的足够的粮食",更多地侧重于粮食数量安全。随后,1983 年联合国粮农组织对这一概念修改后定义为"保证任何人在任何时候能够买得到买得起所需要的基本食品",增加了稳定粮食供应及粮食供需一致方面的要求。在 1996 年召开的第二次世界粮食首脑会议中,"粮食安全"的概念得到进一步丰富,即"所有人在任何时候均能够在物质上、经济上获得足够、安全且富有营养的粮食,以满足不同个体积极、健康的膳食需要及食品偏好",从而将"粮食安全"这一概念的维度扩展至质量安全和营养均衡层面。客观而言,"粮食安全"至今并无统一的概念,这与经济发展水平、国家战略目标侧重点等因素有关,尽管国内外学界从不同的角度对粮食安全的概念及维度进行定义,但粮食安全应包括粮食数量安全和质量安全则成为学界不争的事实。

粮食安全的衡量是评判一国或地区粮食安全程度的重要依据。就粮食数量安全而言,当前主要有如下宏观衡量指标:一是粮食自给率,即当年粮食产量占当年粮食消费量的比重,用以衡量一国或地区粮食自给程度。一般而言,自给率越高,粮食数量安全程度越高,90% ~95% 为可以接受的数量安全水平,95% ~100% 则表示为粮食基本自给,100% 以上则表示数量完全自给。二是粮食库存安全系数,即当年粮食库存结转量(S_t)在下年粮食消费量(Q_{t+1})中所占比重,公式表示为 $\partial = \dfrac{S_t}{Q_{t+1}} \times 100\%$,且一般认为 17% ~18% 为数量安全的临界点,高于该比重则代表粮食数量安全程度越高。三是粮食外贸依存系数,即假定用于弥补当年一国粮食需求全部缺口的粮食进口量占当年粮食总需求量的比重,出于国际分工及一国农业资源的考量,该项指标应控制在一定的范围，外贸依存系数过高则会影响本国粮食数量安全。就粮食质量安全而言，其重在强调粮食生产流通及消费全过程对人类健康、生态环境所产生的损害控制在人体所能接受的水平之下，故衡量其的标准一是粮食是否对人体健康产生危害，具体指标可见诸于《粮食质量安全监管办法》等；二是粮食是否有益于人类获得相应的营养物质。其中，标准一为基础性、关键性衡量标准。

三、粮食安全的财政保障政策

财政支粮政策即国家公共财政为保障粮食安全所实施的投资性支出和补贴性支出。值得一提的是，本书所指的财政保障政策主要依据经济合作与发展组织（OECD）的分类方式及中国财政支粮实际进行划分，即粮食安全的财政保障政策包括价格支持政策、直接补贴政策和财政一般服务支持政策三大部分。其中，价格支持政策即国家为保障粮农种粮收益通过特定的价格扶持举措干预市场所产生的相关财政支出，其支出成本主要由纳税人和粮食消费者共同承担；直接补贴政策即根据一定条件和标准直接给予粮农的补贴性支出，包括挂钩直接补贴政策和脱钩直接补贴政策，二者的区分在于补贴是否与当期粮食产量、种植面积、投入品数量、产品价格、粮农经营收入等相挂钩，且在中国广泛实施的粮食安全直接补贴政策主要为挂钩直接补贴政策；财政一般服务支持政策则是指公共财政对整个农业部门所给予的普遍性的投资支出，不针对特定的农业生产者和特定农产品。

四、本书研究范畴界定

综合国际通行标准、国内统计习惯、政策实际及研究需要，特对本书研究范畴做如下界定：第一，本书所指"粮食"兼顾广义与狭义粮食范畴，根据研究场景需要具体选择适用的广义粮食概念抑或狭义谷物概念；第二，综合考虑国内外普遍研究成果、数据可获性及当前我国国家粮食安全观的主要指向等因素，本书所研究的"粮食安全"主要指粮食数量安全，即粮食供需范畴的安全问题，不涉及粮食质量安全；第三，粮食安全涉及整个粮食生产、流通及消费环节，其中生产环节为源头环节、基础环节、关键环节，故本书重点研究粮食生产环节的数量安全问题；第四，结合 OECD 分类方法及中国财政支粮实际，本书将粮食安全的财政保障政策归为三类。

第二节　财政保障粮食安全的学理依据

一、粮食生产的基础产业理论

根据产业经济学的一般逻辑，基础产业是在一国（或地区）国民经济发展中处于基础性地位，与其他产业关联性强并对人类生产、生活起着制约性或决定性作用的产业群。而事实上，粮食生产具备基础产业的普遍性特征，表现在两个方面：其一，粮食生产为人类提供了最基本的生存资料，无论是维持日常的生理需求还是居民食品消费结构的升级与优化，均以粮食产量的稳定增长及供给为前提；其二，粮食产业在国民经济产业链中位居"上游"环节，可为多种加工工业提供原材料，与国民经济各部门关联程度较强，故具备较强的基础性。显然，粮食生产是国民经济和社会持续稳定发展的重要因素，国民经济的持续运行、社会秩序的和谐稳定，须以粮食等主要农产品的充足供应进而满足居民消费需求及工业部门的投入需求为保证。从这一角度讲，农业生产尤其是粮食生产在一国（或地区）产业经济发展中处于基础性地位，便为辖区政府的介入扶持提供了客观上的可能性。

二、粮食产业的弱质性

粮食产业的弱质性应归于农业整体的弱质性范畴。相比于国民经济其他部门，农业表现为一定的弱质性：首先，除市场风险外，农业生产还面临着自然风险。农业生产的对象为动植物等生命物质，土地、水利、气象等既是农业生产的要素，也构成大农业系统的子系统。自然环境中的土壤、气候条件及其他各种因素的变化都可能对农业的生产活动产生决定性影响。其次，农业生产周期性长且具有季节性，生产时间和劳动时间不一致，人们只能尽量创造条件去满足不同作物的生长环境。最后，农业的资产利用率低、资金周转慢，加之农业技术更新滞后、劳动生产率提高速度缓慢，农产品储运困难，造成农业生产的比较利益较低。由此，使得农业成为典型的高风险行业，农业部门的投资亦存在报酬递减的规律，相应的投资回报率处于较低水平。因此，对农业进行必要的财政支持，继而夯实农业发展的基础，提高农业生产者的生产积极性，是克服其自身弱质性的重要路径。

三、粮食市场的蛛网模型

在蛛网市场中，商品价格与产量的波动情况取决于该商品供给弹性与需求弹性的对比关系。当供给弹性大于需求弹性时，波动逐渐增加，逐渐偏离均衡点，为发散型蛛网市场，这符合粮食产品市场的基本特征。具体讲：第一，受动植物天然生长规律的影响，粮食生产具有周期性、季节性的基本特征，并表现为较长的成长周期；第二，粮食等农产品为人类生活必需品，故而粮食的需求弹性较小；第三，由于农业生产要素在其内部具有可转换性（如耕地可以种植比较利益不同的农作物），因而粮食的供给弹性相对较大。不难发现，粮食产品市场上供给弹性大于需求弹性，属于典型的发散型蛛网市场。进一步讲，粮食产品市场的供需弹性特征，使得粮食产量与价格的剧烈波动极易危害农业的可持续发展乃至整个国民经济和社会的稳定运行，这就需要政府通过相应的制度设计与政策实践稳定粮食市场。财政政策具备一定的价格和产量稳定效应，补贴政策通过直接或间接影响粮食产品的价格水平，以改善粮食生产者的"成本—收益"预期，进而提升其从事农业生产的积极性，保障粮食市场的充分稳定。

四、粮食安全的公共产品属性

"公共产品"作为经济学专业术语最早见之于保罗·萨缪尔森（Paul Samuelson）1954 年撰写的《公共消费理论》一文，其具备两个明显的特征：消费的非竞争性和受益的非排他性。其中，消费的非竞争性是指增加一个公共产品的消费者不会减少其他消费者对该产品的消费水平，而受益的非排他性则是指一个人对一种公共产品的消费无法排斥他人对同一产品的消费。尽管粮食不具备完全的公共产品属性，但粮食安全作为一个整体性概念，符合公共产品的基本特征：一方面，粮食安全具备消费的非竞争性特征，同"国防"类似，当一国整体实现了粮食安全时，增加一个消费者并不会减少其他消费者的消费水平；另一方面，粮食安全具备受益的非排他性，无论单个消费者是否愿意购买，当国家整体粮食安全实现时，不愿意购买的个人也自然享受到"粮食安全"服务。也正是因为粮食安全的公共产品属性，使得其不能通过市场有效提供，而在市场失灵情况下粮食安全必须由政府予以保障，主要通过不同类型的财政收支活动对市场进行调控。

五、粮食安全的正外部性

外部性是指私人收益与社会收益、私人成本与社会成本不一致的现象。倘若个人收益小于社会收益，则说明个人行为产生了正外部性。粮食安全具备较强的正外部性，突出反映在粮食安全是国民经济有序发展的基础，同时更关乎社会的稳定与和谐发展。对不同类型的涉粮主体而言，其所获得的经济效益远低于为整个经济社会稳定发展所带来的整体效益，产生了显著的收益"外溢"。在此境况下，由于粮食生产者难以通过市场将部分收益内在化，其决定的最优生产规模会小于社会需要的最优规模，出现了由于市场失灵所导致的资源的非有效配置。因此，给予不同涉粮主体必要的财政补贴，便成为政府促进粮食生产、保障粮食安全的理性选择。

第二章

中国粮食安全形势的系统描述[*]

粮食安全问题是一个永续性话题，对中国粮食安全形势的判断既要立足当前，又要着眼长远。全面、系统地分析中国粮食安全所面临的基本形势既有助于加深对该问题重要性的认知，也有助于明确未来财政保障政策的着力点。因此，首先从整体上对中国粮食安全的总体形势做出判断，继而具体阐述中国粮食供给中长期面临的严峻形势，分析中国粮食需求中长期增长趋势，统筹供给侧和需求侧以充分展现中国粮食安全形势全貌。

第一节　中国粮食安全形势的总体判断

改革开放初期，农村家庭承包责任制的推行及农产品价格制度改革，有效扭转了中国粮食长期供给不足的局面，粮食产量以年均 4.9% 的增速由 1978 年的 3.04 亿吨增长至 1984 年的 4.07 亿吨。随后，中国分别于 20 世纪 80 年代中期和 90 年代中后期开展了两次农业结构调整，受复杂经济社会环境及宏观政策的影响，1984～1995 年粮食产量波动明显、增速下降（年均增速仅为 1.2%），而 1998～2003 年更是出现了粮食产量的大幅下滑（降幅达

---

* 本章部分内容曾发表于《贵州社会科学》2016 年第 1 期，成果名称为《中国粮食安全与农业补贴政策的调整》。

15.93%）。21 世纪初，中国政府实施了包括粮食最低收购价、农机购置补贴、农业支持保护补贴、产粮大县奖励政策等在内的强农惠农、补贴支农政策，有效助推了粮食"十七连丰"（2004～2020 年）时代的到来。时至今日，"农业供给侧结构性改革"正开启中国第三轮农业结构调整，粮食连丰的表象固然喜人，但仍需从整体上对中国粮食安全形势给予科学判断，并分析供给侧结构性改革背景下中国粮食安全形势所呈现的新特征，继而通过相应的制度设计与政策实践以防止再次出现农业结构调整后的粮食大幅持续减产现象，并维护中国中长期粮食安全。

一、粮食安全形势当前整体良好但结构性矛盾凸显

中国当前粮食安全形势整体良好。首先，以人均粮食/谷物占有量为例，如图 2－1 所示，2004～2020 年中国人均粮食及谷物占有量整体均呈现持续上升的趋势。其中，粮食人均占有量由 2004 年的 361.16 千克/人升至 2020 年的 474.1 千克/人，谷物人均占有量由 2004 年的 316.62 千克/人升至 2020 年的 436.75 千克/人，且自 2008 年和 2011 年起，粮食/谷物人均占有量均持续突破 400 千克/人，超过世界人均谷物产量水平和世界卫生组织认可的 400 千克/人的粮食营养保障值[1]。其次，以粮食自给率为例，该指标即当年粮食产量占当年粮食消费量的比重，用以衡量一国粮食自给程度或粮食安全水平。一般认为，当该指标数值在 100% 及以上则表示该国粮食可以实现完全自给，位于 95%～100% 则表示该国粮食基本自给。结合国家粮食安全战略底线要求及国际统计口径，本书选择谷物自给率作为衡量指标，根据官方公布的数据，我国谷物自给率超过 95%，且近几年，稻谷和小麦产需有余，完全能够自给，进出口主要是品种调剂[2]。最后，以粮食储备率为例，截至 2018 年我国标准粮食仓房仓容共计 6.7 亿吨，简易仓容 2.4 亿吨，有效仓容总量较之 1996 年增长 31.9%。同时，中国目前的粮食储备率为 35%～40%，远高于国际上通用的 17%～18% 的粮食储备率指标[3]。

---

[1] 根据《中国统计年鉴》（2021）整理计算所得。
[2] 根据 2019 年《中国的粮食安全》整理所得。
[3] 根据 2019 年《中国的粮食安全》及中国社科院农业发展研究所李国祥研究员测算所得。

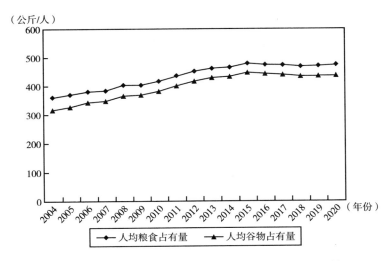

图 2 - 1　2004～2020 年中国粮食及谷物人均占有量趋势

资料来源：根据《中国统计年鉴》（2021）整理计算所得。

　　值得一提的是，尽管当前我国粮食安全形势整体良好，但粮食结构性矛盾却阶段性凸显。具体讲，当前粮食结构性矛盾主要表现在如下三个方面：第一，以水稻为代表的主粮库存储备量仍然偏多。伴随三大主粮的连续增产丰产、种粮成本上涨及市场阶段性供大于求，为保护粮农收益，国家积极运用粮食最低收购价等价格支持政策开展政策性收购并存储于中储粮及其委托库点，助推粮食库存居高难下，加剧财政负担。自 2015 年末中央农村工作会议明确提出"加强农业供给侧结构性改革、高度重视去库存、加快消化过大农产品库存量"以来，经过深化改革"控增量"和消化库存"减存量"双向调节，政策性粮食库存较最高点下降 36%，且我国玉米去库存任务接近完成[①]，但水稻库存压力仍在。数据显示，截至 2019 年底，我国稻谷库存量达到 1.75 亿吨，虽然比前一年减少了约 60 万吨，但仍处高位[②]。第二，优质口粮如一级稻谷及优质小麦国内市场常处于供不应求的状态。对河南、湖北的粮食加工企业调研发现，优质小麦抗病能力强、品质高，但历年均有缺

---

　　① 以玉米为例，"控增量"主要通过取消玉米临时收储政策、调减"镰刀弯"地区玉米种植面积实现，"减存量"主要通过多轮临储拍卖等举措实现，数据来源于国家粮食和物资储备局网站。
　　② 根据 Wind 数据库整理所得。

口，粮农种植量偏少，以致出现加工企业赴山东、河北等临近省份寻找粮源的现象。第三，大豆进口规模大，进口依赖度高。分析发现，21世纪初至2020年我国大豆进口量整体上呈现持续快速增长态势。根据国家统计局公布的数据，2020年大豆进口量达到创纪录的10031万吨，突破1亿吨关口，比2019年的8851万吨增长13.34%，约为当年粮食总进口量的70.37%，大豆进口依存度高达83.7%[①]。可以说，粮食品种的结构性矛盾加之国内外粮价倒挂，会使得进口粮规模逐渐扩大，影响国家粮食安全。

二、粮食安全形势未来严峻

尽管中国粮食安全形势当前整体良好，但其背后仍存在诸多显性、隐性危机，未来中国粮食安全形势依旧异常严峻。就显性危机而言，粮食国内生产现实约束显著、国外粮食进口风险性增强及粮食需求刚性增长的现实共同挑战当前粮食供需紧平衡的格局；就隐性危机而言，未来种粮主体缺失、粮食超大规模经营、粮食"三高"并存问题等，均为中长期中国粮食安全形势的重要挑战。

（一）未来种粮主体缺失

伴随城镇化、工业化进程的加速，农村适龄劳动力正逐步向城市和非农产业转移，农业劳动力出现结构性短缺，未来"谁来种粮"问题凸显。根据国家统计局发布的数据，2008~2020年，中国农民工总量由2.25亿整体上增长至2.86亿，且2016~2020年16~50岁农民工所占比重保持在73.6%~80.9%。从性别构成看，2020年农民工群体中男性占比达65.2%，显然，男性青壮年劳动力仍是农民工群体的主要构成，以至于留守务农劳动力平均年龄偏高，"老人农业""妇女农业"现象普遍，此后伴随城镇化率的进一步提升，农业劳动力结构性短缺问题将更加突出。同时，被寄予厚望的种粮大户、家庭农场等新型粮食经营主体，由于自身发展质态有待改善，以至于部分新型粮食经营主体产生"非粮化"倾向或退租弃耕行为。根据《中国家庭农场发展报告（2019）》公布的数据，较之于2017年，2018年全国有

---

① 根据《中国统计年鉴》（2020、2021）及产业信息网整理计算所得。

60.21% 的粮食类农场减少了粮食播种面积，且有 45.91% 的粮食类农场表示未来将降低土地经营规模[①]。此外，从新型农业经营主体的年龄结构看，多数仍是"老面孔新身份"，青壮年新型职业农民群体数量少之又少，"70 后不愿种地、80 后不会种地、90 后不提种地"成为当下中国众多农村所面临的窘境，未来"谁来种粮"需高度重视。

上述现象出现的原因可归结为两点：一方面，粮食生产成本逐渐上升，成本利润率整体下滑、比较利益低下，加之粮食生产面临"双重风险"，理性农民（特别是青壮年农民）会选择比较收益相对较高的非粮产业。对小规模粮农而言，其种粮年收入甚至低于外出务工月收入，对种粮大户、家庭农场、专业合作社等新型粮食经营主体而言，尽管适度规模经营有助于其降低部分生产成本，但逐渐高涨的土地流转成本、用工成本及粮食生产所面临的市场风险和自然风险在一定情况下会使其由"规模经济"转向"规模亏损"，种粮意愿同样受到抑制。另一方面，受传统观念的影响，"农民"这一职业在相当长的时间内难以取得多数社会群体的尊重与羡慕。调查发现，即便是当前从事粮食生产的"老人"和"妇女"，也不希望后代继续"子承家业"，"农二代"偏爱城市及非粮产业已成不争的事实，粮食生产的"继承困境"便由此出现。

（二）粮食超大规模经营

农业适度规模经营是降低粮食生产成本、提高粮食竞争力及粮农收益的必由之路。截至 2020 年，全国家庭承包耕地流转面积超过 5.55 亿亩，全国家庭农场名录系统填报数量超 100 万家，依法登记的农民合作社达 22.54 万家[②]，新型粮食经营主体正逐渐成为未来保障国家粮食安全的主力军。然而，调研发现，部分新型粮食经营主体的土地规模已突破"适度"范围，形成"巨无霸式"粮食经营规模[③]。在此经营模式下，人工成本、土地租金、管理成本的上升及相对"非精细化"管理，必然使其种植收益低于适度规模经

---

① 数据为农业农村部政策与改革司委托中国社会科学院农村发展研究所开展家庭农场监测工作得来的抽样监测数据。

② 根据农业农村部官网"对十三届全国人大三次会议第 5495 号建议的答复"整理所得。

③ 中共中央办公厅、国务院办公厅印发的《关于引导农村土地经营权有序流转发展农业适度规模经营的意见》中已明确指出"适度"规模的标准，即土地经营规模相当于当地户均承包地面积 10 ~ 15 倍、务农收入相当于当地二三产业务工收入的。

营水平，即出现了"规模不经济"现象，且一旦遭遇自然灾害抑或市场风险，粮农"规模亏损"便随之即来，从而打击了粮农的种粮积极性。

（三）粮食"三高"并存尚未得到完全解决

中国粮食面临高产量、高进口量和高库存量（简称"三高"）的压力，近年来所开展的粮食供给侧结构性改革举措尚未完全解决粮食"三高"并存问题。截至 2020 年，中国粮食产量已然"十七连丰（2004～2020 年）"并达到 66949.2 万吨的历史高位，但事实上中国粮食进口量仍在波动攀升。数据显示，2020 年中国粮食进口量达 14255 万吨，同比增长 27.92%。其中，大豆进口量为 10031 万吨，同比增长 13.34%；稻谷及大米进口量为 294 万吨，同比增长 15.29%。粮食总进口量约为当年全国粮食产量的 21.29%。与之相矛盾的是，部分粮食品种库存量仍处于历史高位。例如，经过前期多举措的去库存，玉米去库存任务接近完成，但截至 2019 年底，我国稻谷库存量达到 1.75 亿吨，储量仍居高位，库存消化困难。之所以出现"三高"并存的尖锐矛盾，一是由于品种结构难以适应市场需求；二是粮食生产科技投入不足、劳动生产效率低下，国内外"粮价倒挂"，国产粮食缺乏竞争力。

三、粮食安全形势的基本特征

在系统描述判断中国粮食安全总体形势的基础上，总结其所呈现的基本特征，既有助于深入把握中国粮食安全形势全貌，又有助于为粮食安全财政保障政策的制定提供参考方向。整体上讲，中国粮食安全形势的总体特征表现为短期形势良好，长期形势严峻，保障国家粮食安全仍需高度重视。

具体讲，中国粮食安全形势还呈现出如下基本特征：一是粮食供给的硬性约束与粮食需求的刚性增长并存。尽管中国实现粮食产量的"十七连丰"，但受资源环境约束、自然生态失衡、比较利益低等多重因素影响，国内粮食长期稳定充足供给面临较为严峻的挑战，加之国外粮食进口风险加大，面对口粮需求、饲料用粮、工业用粮的持续增长，粮食供需矛盾亟待破解。二是粮食安全显性问题与隐性危机并举。中国粮食安全所面临的严峻挑战既包括粮食供求层面的显性问题，又包括诸如未来"谁来种粮"、"如何种粮"、

"三高"并存等隐性危机，二者共同构成中国粮食安全所面临严峻形势的全貌。三是合理利用国际粮食资源与防止进口粮食冲击国内市场比重。受国内粮食供求矛盾的影响，合理利用国际市场进口国内需要的粮食品种可有助于维护国家粮食安全，国外粮食进口到岸完税价低于国内市场粮食价格虽便利了对国际粮源的利用，但该过程中应严守"谷物基本自给、口粮绝对安全"的战略底线，确保谷物自给率高于95%，吸取大豆教训，严格防止进口粮食对国内市场造成冲击。

第二节　中国粮食供给中长期面临的严峻形势

就中国而言，尽管2004～2020年中国粮食总产量实现了新中国历史上的首次"十七连丰"，以年均2.24%的速度由46946.9万吨整体持续增长至66949.2万吨，且2011～2020年中国人均谷物产量突破400公斤，并持续高于世界人均谷物产量水平[①]。但根据英国《经济学人》杂志发布的2019年《全球粮食安全指数报告》，发达国家占领全球粮食安全系数排行榜第一梯队，而中国则位列第35位，即便是粮食严重依赖于进口的日本和韩国，也分列第21位和第29位。事实上，中长期中国粮食数量安全形势仍旧不容乐观，表现在：一是国内粮食生产现实约束显著；二是国外粮食进口风险性增强。可以说，中国"谷物基本自给、口粮绝对安全"的战略底线仍面临着诸多挑战。

一、国内粮食生产现实约束显著

粮食生产安全是保障国家粮食安全的根本。换而言之，有效的国内粮食供给是保障粮食安全的关键所在，然而中国粮食生产面临诸多制约性因素，突出反映在资源承载能力减弱、自然生态环境失衡、比较利益低等方面。

（一）资源承载能力减弱

粮食生产高度依赖于自然资源，当前耕地资源、水资源、气候（气象）

---

① 根据《中国统计年鉴》（2005～2021）及FAO数据库整理计算所得。

条件等的现实约束使得中国粮食生产前景堪忧。耕地资源方面，耕地面积及耕地质量下降趋势明显，削弱了中国粮食生产的物质基础。一方面，因灾毁、"农（耕）转建"、村庄建设用地、生态退耕、农业结构调整等造成耕地面积下降态势明显，耕地"数量红线"压力不减。根据国家统计局公布的数据，2009～2019 年我国耕地数量由 20.31 亿亩持续降至 19.19 亿亩，而人均耕地面积则由 2009 年的 1.52 亩持续下降至 2019 年的 1.37 亩，约为世界人均水平的一半①。另一方面，受生活废弃物污染、工业污染及农业生产中亩均化肥施用量、农药施用量及地膜使用量持续增长的影响，中国整体耕地"质量红线"压力不可小觑。根据生态环境部公布的数据，截至 2019 年我国耕地质量平均等级为 4.76 等，其中 4～10 等级耕地占比高达 68.76%②。而根据农业农村部公布的数据，截至 2019 年我国基础地力相对较差的 7～10 等级耕地面积仍有 4.44 亿亩，约为耕地总面积的 21.95%③。此外，中国耕地长期处于亚健康状态，表现出退化面积大、污染面积大、有机质含量低及土壤地力低的"两大两低"问题。例如，在耕地退化方面，根据中国农业科学院公布的资料，我国耕地退化表现为东北黑土有机质下降、北方土壤干旱盐渍化、南方红黄壤酸化，障碍退化耕地面积占比达 40%④；在耕地污染方面，有研究发现，自 20 世纪 80 年代以来，我国耕地土壤重金属含量呈增加趋势，粮食主产区耕地土壤重金属点位超标率即达 21.49%，高于全国耕地 19.4%的平均水平（尚二萍等，2018）；在耕地有机质含量方面，数据显示近 60 年来东北黑土耕作层土壤有机质下降了 1/3，部分地区下降了 50%⑤；在土壤地力方面，资料显示我国农业生产中土壤贡献率比西方低至少 10%～20%，为 50%～60%，较之于 40 年前下降约 10%⑥。

水资源方面，单位水资源不足、时空分布不均等问题造成中国粮食生产

---

① 根据《中国统计年鉴》（2010～2021）整理计算所得。
② 根据《耕地质量等级》（GB/T 33469—2016）评价，耕地质量划分为 10 个等级，一等地耕地质量最好，十等地耕地质量最差。1～3 等、4～6 等、7～10 等分别划分为高、中、低等地。数据根据《中国生态环境状况公报（2020）》整理所得。
③ 根据《2019 年全国耕地质量等级情况公报》整理所得。
④ 根据《中国青年报》公布数据整理所得。
⑤ 根据《东北黑土地白皮书（2020）》整理所得。
⑥ 根据中国经济网公布资料整理所得。

用水趋紧。一方面，根据《2020 年中国水资源公报》公布的数据，2020 年全国水资源总量为 31605.2 亿立方米，人均水资源占有量为 2238.33 立方米，约为世界人均水平的 1/4。同时，2020 年中国每亩耕地水资源占有量约为 1646.96 立方米，为世界平均水平的 50% 左右[①]。另一方面，中国国土跨度辽阔，约 4/5 的水资源分布在南方，农业灌溉水源充沛。相比而言，中国 2/3 的耕地却分布在北方，北方每公顷耕地的水资源占有量仅为南方的 1/8（肖俊彦，2012），这种耕地与水资源的时空分布差异同样造成粮食生产用水的区域性趋紧。

气候资源方面，全球变暖、气象灾害频发等均会对中国未来粮食生产带来不利影响。就全球变暖而言，尽管气温升高会改善高纬度地区热量资源，喜温作物界限北移，对中国部分地区农业生产带来一定的利好，但因气候变暖所引致的农作物生育期缩短、粮食作物水分亏缺、农业病虫害加剧（气候变暖会使农作物病虫害失去寒冷气候的天然屏障阻击）、极端天气和气候事件的增多增强等在整体上仍将对中国长期粮食安全产生影响。研究表明，气温每上升 1℃，粮食产量将减少 10%，且在现有种植制度、种植品种和生产水平保持不变的前提下，到 2030 年中国种植业生产潜力将会下降 5% ~10%（郑国光，2009）。同时，气象灾害频发同样加剧了中国粮食生产的不稳定性。国家统计局、民政部、国家减灾办公布的历年数据显示，由水旱灾、风雹灾害、低温冷冻和雪灾等所引致的受灾面积和绝收面积存在较为明显的波动，从而加剧了粮食生产的不稳定性。例如，从全国整体上讲，如图 2-2 所示，2010 ~2020 年我国农作物受灾面积、绝收面积均呈现较为明显的波动态势；从局部省域讲，2021 年 7 月河南省遭遇历史罕见特大暴雨，根据国家统计局河南调查总队发布的数据，2021 年受洪涝灾害影响，河南省粮食总产量比上年减少 56.32 亿斤，减产 4.1%。其中，秋粮总产量为 548.20 亿斤，比上年减少 66.21 亿斤，减产 10.8%[②]。

（二）自然生态环境失衡

自然生态环境方面，农业的粗放式生产以及城镇化、工业化打破了原有

---

① 根据《2020 年中国水资源公报》《中国统计年鉴》（2021）及 Wind 数据库整理计算所得。

② 根据河南省人民政府网站整理所得。

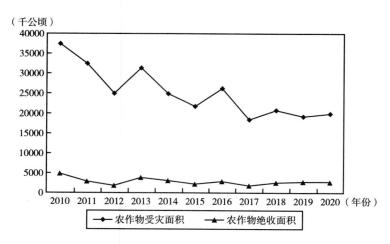

图 2 - 2　2010 ~ 2020 年全国农作物受灾面积、绝收面积趋势

资料来源：根据《中国统计年鉴》（2011 ~ 2021）整理所得。

的生态平衡，进而制约着粮食生产的平稳发展。具体表现如下：一方面，化肥、农药以及塑料农膜的广泛使用破坏了土壤生态结构，并降低耕地质量水平。就化肥而言，1978 ~ 2015 年我国农用化肥施用量呈持续增长态势，随后伴随《到 2020 年化肥使用量零增长行动方案》的实施，2016 ~ 2020 年农用化肥施用量则呈现持续下降趋势。1978 ~ 2020 年，农用化肥施用量由 884 万吨增至 5250.7 万吨，40 余年增长了 4.94 倍[①]。其中，三大主粮平均每亩化肥折纯用量亦由 1998 年的 19.64 公斤增长至 2020 年的 25.49 公斤，约为世界平均水平的 3.19 倍，且 2020 年我国三大主粮化肥实际利用率为 40.2%，与欧美等发达国家相比仍有较大差距[②]；就农药而言，以 2015 年公布的《到 2020 年农药使用量零增长行动方案》为界，我国农药使用量大致经历先持续增长后连续下降的历程，由 1990 年的 73.3 万吨迅速增长至 2016 年的 174 万吨，随后连续降至 2020 年的 131.3 万吨。根据农业农村部公布的数据，尽管 2020 年我国农药利用率为 40.6%，较之于 2015 年提高 5 个百分点，但与欧美发达国家 50% ~ 60% 的农药利用率相比仍有差距[③]；就塑料农膜而

---

① 根据《中国统计年鉴》（2021）整理计算所得。

② 根据《全国农产品成本收益资料汇编》（2002 ~ 2021）整理计算所得，部分数据根据农业农村部科技教育司公布的资料整理所得。

③ 根据《中国农村统计年鉴》（2021）整理所得。

言，三大主粮平均每亩农膜用量亦由 2006 年的 0.18 公斤增长至 2020 年的 0.22 公斤，农膜用量的增长加之农户的不科学使用，造成农膜残留于耕地威胁耕地质量[①]。曾有研究表明，中国每年约有 50 万吨农膜残留于土壤造成"白色污染"。另外，每亩农田的农药施用量中有 60% ~ 70% 残留在土壤中形成农药残留（侯石安、赵和楠，2016）。长期而言，在加速耕地"死亡"的同时，亦会产生作物减产和食品质量安全问题，从而加大消费者购买国外优质粮的消费倾向，并影响中国未来的粮食安全。

另一方面，受特殊自然地理和人为因素的影响，中国水土流失及土壤沙化现象严重。根据生态环境部公布的数据，2019 年全国水土流失面积为 271.08 千公顷，其中水力侵蚀面积为 113.47 千公顷，风力侵蚀面积为 157.61 千公顷，侵蚀强度达中度以上侵蚀面积占全国水土流失总面积比重为 37.08%。同时，第五次全国荒漠化和沙化监测结果显示，我国荒漠化土地面积为 261.16 千公顷，沙化土地面积为 172.12 千公顷，分别占国土面积的 27.2% 和 17.93%[②]。可以说，水土流失、土地荒漠化及沙化加剧了中国人地矛盾，直接威胁到中国的粮食生产和民众的生存。

（三）比较利益低

粮食生产比较利益低是当前抑制农业劳动力粮食生产积极性的经济根源，将直接影响到未来"谁来种粮"的问题。一方面，由于化肥、农药、农机用油等农业生产要素生产成本增长，加之近年来农业用工成本的提升，导致种粮成本大幅上涨，种粮收益下浮明显。数据显示，2004 ~ 2020 年（除 2009 年、2014 年外）中国历年农业生产资料价格总指数均大于上一年（上年价格 = 100），农业生产资料价格呈现上涨趋势[③]。在此背景下，2004 ~ 2020 年中国水稻、小麦、玉米三种粮食平均每亩总成本由 395.45 元持续快速上升至 1119.59 元，相应的成本利润率则由 49.69% 波动下降至 4.21%（见图 2 - 3），且 2016 ~ 2019 年成本利润率均为负值[④]。

---

① 根据《全国农产品成本收益资料汇编》（2007 ~ 2021）整理所得。
② 根据《中国生态环境状况公报》（2020）整理计算所得。
③ 根据《中国统计年鉴》（2021）整理所得。
④ 根据《全国农产品成本收益资料汇编》（2005 ~ 2021）整理所得。

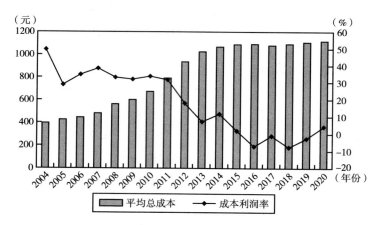

图 2 - 3　2004～2020 年我国三种粮食平均每亩总成本及成本利润率趋势

资料来源：《全国农产品成本收益资料汇编》（2005～2021）整理所得。

　　另一方面，市场经济条件下当种粮资本得不到社会平均利润，理性的农民便会将用于粮食生产的资源投向其他产业或部门，以期获得合理的投资回报率。由此，便出现以下两种现象：一是大量的农民进城务工（含兼业农户），从事非农产业。根据国家统计局公布的数据，2006～2013 年在中国农村居民家庭人均纯收入构成中，工资性收入绝对量由 1374.8 元上升至 4025.4 元，其在人均纯收入中所占比重亦由 38.33% 上升至 45.25%，相应的家庭经营纯收入在人均纯收入中所占比重则由 53.83% 下降至 42.64%，工资性收入于 2013 年超过家庭经营纯收入。此后，由于统计口径发生变化，2014～2020 年在农村居民人均可支配收入中工资性收入占比由 39.59% 升至 40.71%，经营净收入占比由 40.4% 持续下降至 35.48%，工资性收入占比于 2015 年持续高于经营净收入，非农产业收入已逐渐成为中国农村居民的主要收入来源（见图 2 - 4）。二是由于大部分经济作物收益高于粮食作物，理性的农户会选择扩大经济作物种植面积，相应地缩小粮食作物的种植面积，农业种植结构发生转变。数据显示，1978～2020 年，中国粮食作物在农作物总播种面积中所占比重由 80.34% 降低到 69.72%，而蔬菜、糖料、瓜果类作物所占比重则呈上升态势[1]。如此，在其他投入要素一定的前提下，粮食作

---

　　[1]　根据《中国统计年鉴》（2007～2021）整理计算所得。

物播种面积日趋减少的农作物播种格局则会进一步加剧中国粮食供给的紧张形势。

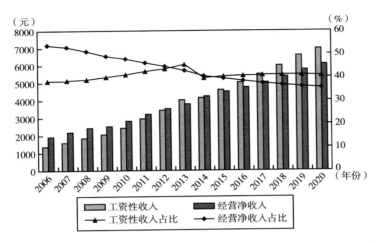

图 2 - 4　2006～2020 年我国农村居民人均可支配收入主要构成变化趋势

注：因 2014 年国家统计局用"农村居民人均可支配收入"取代"农村居民家庭人均纯收入"，用"经营净收入"取代"家庭经营纯收入"，故而本图中 2006～2013 年"经营净收入"实际为"家庭经营纯收入"数据，2006～2013 年"工资性收入占比""经营净收入占比"也是以"农村居民家庭人均纯收入"为分母测算的。

资料来源：根据《中国统计年鉴》（2007～2021）整理计算所得。

二、国外粮食进口风险性增强

中国是农业资源强约束型国家，人均农业资源拥有量极其匮乏。立足于粮食生产实际，除国内粮食生产与储备外，从国外适度进口粮食可以在空间上相对平衡国内粮食供应的波动，进而维护本国粮食安全。然而，伴随近年来粮食进口数量的迅速提升及国际粮食市场不确定性的日渐增强，中国中长期粮食安全形势仍旧异常严峻。

（一）粮食"净进口"挑战中国粮食安全

自中国加入世界贸易组织（WTO）以来，受国内外粮食价差等因素影响，中国粮食进口量不断攀升，粮食"净进口"时代全面到来。统计数据显示，从粮食进口总量看，2003～2020 年中国粮食净进口（粮食进口量大于粮食出口量）成为常态，在绝对量上由 171.2 万吨迅速上升至 13908 万吨（约为 2003 年粮食净进口量的 81 倍），增速明显。从主要粮食作物构成看，大豆 2000～2020 年均呈现净进口状态，净进口量以年均 12.1% 的速度由 1020.8 万吨增长至 10023 万吨，且各年进口量总体呈现持续快速增长趋势，为拉动粮食进口总规模上升的重要引擎。同时，小麦、玉米、水稻等谷物基本上在 2009 年以后呈现净进口状态，2009～2019 年谷物净进口量以 23.12% 的年均增速由 183.3 万吨升至 1467 万吨[①]。可以预见，粮食进口量的持续增长，将使得中国国内粮食产业面临较大挑战，在一定程度上降低国家粮食自给率，增加国家粮食对外依存度，从而挑战中国粮食安全。

（二）国际粮食生产、粮食市场不确定性日益加大

国际粮食生产的波动性、粮食市场的不确定性，同样是影响中国粮食安全的重要因素。第一，伴随全球气候变暖、极端灾害天气增多及新冠肺炎疫情的影响，世界粮食主产区粮食供应稳定性降低。根据中国气象局转引的美国明尼苏达大学科学家的研究成果，气候变化对全球范围内小麦、水稻、玉米等主要粮食作物产量已造成影响，气候变化导致小麦产量平均每年下降 0.9%，导致水稻产量平均每年下降 0.3%，且某些地区和国家受到的影响将更为严重[②]。同时，联合国粮农组织（FAO）发布的《2021 年粮食及农业状况》报告显示，新冠肺炎疫情加剧了粮食的不安全程度，凸显了世界粮食体系在应对冲击和压力中的脆弱性。而作为粮食进口消费大国，中国粮食的稳定性供应长期亦会受到影响。第二，受供给等多重因素影响，国际粮价波动加剧，加之石油等矿物能源价格长期上涨趋势显著、金融投机资本进入粮食领域、跨国粮食集团等垄断势力主导国际粮食市场定价并对中国粮食产业链条及流通领域进行渗入等，增加了国际粮食市场的不确定性和风险性。第三，当今国际关系变幻莫测，伴随经济全球化进程的日益深化，因政治风险、经济风险、战争风险等因素导致粮食输出国采取提高出口关税、限制粮

---

① 根据《中国粮食年鉴》（2017）、中商产业研究院数据库、产业信息网、《中国农村统计年鉴》（2021）等整理计算所得。

② 根据中国气象局网站资料整理所得。

食出口或粮食禁运等措施阻挠粮食输入国进口粮食的风险亦不断提升，从而加深了国际粮食贸易的不确定性，影响国家粮食安全。以俄乌冲突为例，俄罗斯和乌克兰在全球粮食生产和供应中发挥重要作用，两国大麦供应约为全球的 19%、小麦供应约为全球的 14%、玉米供应约为全球的 4%，谷物出口量达全球谷物出口量的 1/3 以上，且在同样高度集中的全球肥料供应格局中，俄罗斯为主要生产国。在此境况下，面对当前俄乌粮食生产供应链与物流链中断及对俄罗斯出口的限制，分布于北非、亚洲等区域的约 50 个最不发达国家或低收入缺粮国，因其依赖从俄乌两国进口粮食以保障本国 30% 以上的小麦供应，受俄乌冲突影响，上述国家粮食安全形势尤为严峻。同时，众多欧洲及中亚国家超 50% 的肥料供应来源于俄罗斯，在当前俄乌冲突背景下肥料供给短缺现象逐步凸显，继而影响到相关国家农业生产与粮食供应①。显然，从俄乌冲突对全球粮食安全形势的影响中更加印证了我国确保"谷物基本自给、口粮绝对安全"粮食安全战略方针的科学性、重要性。

第三节　中国粮食需求中长期增长趋势分析

粮食需求在中国一般由口粮需求、饲料用粮需求、工业用粮需求和种子用粮需求构成，且前三类需求是未来中国粮食整体需求刚性增长的主要动因。换而言之，口粮需求、饲料用粮需求及工业用粮需求将引致中国粮食需求刚性增长。

一、口粮需求仍将维持较高水平

粮食是人类维持生命体征的必需品，而人口数量增长和人口年龄结构变化则是引致中国口粮需求变化的主要因素。在人口数量方面，中国人口绝对

---

① 根据联合国粮农组织（FAO）"联合国粮农组织总干事：俄乌冲突导致的全球粮食安全新形势"整理所得。

规模由 20 世纪 80 年代初期的约 10 亿人口迅速增长至 2020 年的约 14.12 亿人口，且伴随生育政策的放宽，根据中国社会科学院人口与劳动经济研究所与社会科学文献出版社共同发布的《人口与劳动绿皮书：中国人口与劳动问题报告 NO.19》所做出的预测，中国人口预计在 2029 年达到峰值 14.42 亿，而根据联合国经济及社会事务部人口司的预测，中国人口将在 2030 年前后达到峰值 14.62 亿，尽管存在一定的差异，但人口累计增长所引致的口粮需求始终是中国粮食巨大需求的首要驱动力；人口年龄结构方面，数据显示中国 15~64 岁人口所占比例由 1982 年的 61.5% 上升至 2020 年的 68.6%，尽管伴随中国政府放开生育政策该比例近年来有所下降，但未来中国中青年劳动力比率仍保持在较高水平，仍旧维持相对较高的人均口粮消费水平和庞大的口粮消费群体[①]。

二、饲料用粮需求持续增长

伴随中国城乡居民人均收入水平的提升及城市化的推进，居民原有食品消费结构正悄然转变，表现为直接性的粮食消费在消费构成中占比降低，而动物性食品消费量（禽、蛋、奶等）则显著增加。数据显示，1990~2020 年城镇居民家庭人均消费的粮食由 130.72 千克降至 120.2 千克，而禽类、蛋类、奶类产品人均消费量则分别由 3.42 千克、7.25 千克、4.63 千克上升至 13 千克、13.5 千克、17.3 千克。同时，农村居民家庭人均消费的粮食由 262.08 千克降至 168.4 千克，而禽类、蛋类、奶类产品人均消费量则分别由 1.25 千克、2.41 千克、1.1 千克升至 12.4 千克、11.8 千克、7.4 千克[②]。进一步讲，动物性食品消费量的增加需消耗大量的初级农产品作为动物饲料，产生相应的饲料用粮需求。根据李国祥（2014）的估算，各类畜产品和水产品的饲料粮消耗系数分别为猪肉（2.2）、牛肉（1.8）、羊肉（1.6）、禽肉（1.8）、禽蛋（1.7）、养殖水产品（1.1），未来肉蛋奶水产品等消费所导致的饲料用粮的消耗量将不断增加。

---

① 根据国家统计局相关资料及《中国统计年鉴》（2021）整理计算所得。
② 根据《中国统计年鉴》（1999、2021）整理所得。

三、工业用粮需求增长趋势显著

现代工业用粮一般指将粮食作为主要原料或辅料的生产行业用粮的统称，主要包括酿酒用粮、淀粉用粮、大豆压榨以及近年来大力发展的生物燃料乙醇用粮等。根据国际发展经验，一国经济发展到一定阶段，粮食的间接需求会超过直接需求，体现在工业用粮和饲料用粮比例的增加和口粮比例的下降。以水稻为例，2015～2018 年水稻工业用粮和饲料用粮占总消费量的比重由 11% 提升至 25.3%，较之于五年前提升 13%。究其原因，一是与居民饮食和消费结构升级有关；二是伴随近年来我国开展粮食"去库存"的推进，部分低价超期稻谷定向拍卖给酒精厂和饲料厂，进而导致水稻工业与饲料消费量提升迅速[①]。此外，尽管在技术水平、粮食供需等诸多因素制约下工业用粮每年增速只能保持常态发展，然而未来在加工业、酿酒业及生物能源产业的推动下，工业用粮将成为中国第三大用粮渠道。

---

① 根据国际畜牧网数据整理所得。

| 第三章 |

财政保障国家粮食安全的
政策演进及评价[*]

明晰中国粮食安全财政保障政策演进过程及现行政策全貌，挖掘现行政策成效及存在的问题是未来财政支粮政策优化设计的基本前提。基于此，本章首先就中国粮食安全财政保障政策的演进历程进行回顾与梳理，继而对现行财政支粮政策中的价格支持政策、挂钩直接补贴政策及一般服务支持政策进行客观描述。在此基础上，在宏观层面就现行保障国家粮食安全的财政政策整体成效进行阐述，继而结合多轮"田野调研"的研究结论，定性总结现行保障国家粮食安全财政政策存在的主要问题，为后文财政支粮政策的完善提供导向。

第一节 财政保障国家粮食安全的政策演变过程

一、财政支粮政策的负向保护阶段（1950～1977 年）

中华人民共和国成立初期，受发展基础薄弱及连年战争的影响，国内各项事业百废待兴，为尽快摆脱这一局面，中国政府选择优先发展重工业的工业化

---

* 本章部分内容曾发表于《改革》2019 年第 11 期，成果名称为《新中国 70 年粮食安全财政保障政策变迁与取向观察》。

道路。面对国内工业资本积累不足、国外支援资源有限及西方国家对中国所实施的政治经济封锁，由农业部门为中国工业化提供原始积累便成为当时的现实选择。同时，针对中华人民共和国成立初期政府财力分散的问题，为确保工业优先战略的实施，国家财政实施高度集中的统收统支体制。在此背景下，1950～1977年的计划经济时期，中国主要通过工农产品价格"剪刀差"及对农业征税的方式汲取农业剩余，为工业化发展提供原始积累，对农业呈现出"多取少予"特征。在此阶段，财政对粮食产业的支持则呈现负向保护状态。

一方面，国家对粮食等主要农产品实施统购统销政策，通过低价垄断收购汲取农业剩余。1953年中共中央通过《关于实施粮食的计划收购和计划供应的决议》，对粮食实施统购统销政策。国家将从粮农手中低价收购的粮食向城市居民及工业部门低价供应，以降低工业生产成本，工业产品高价卖出后即形成超额利润，进而增加国家利、税收入，为工业化发展积累资金。资料显示，仅1954～1978年国家通过工农产品价格"剪刀差"获得的农业剩余即达5100亿元[①]，城市居民及工业部门获得事实上的财政支持。

另一方面，国家通过对农业部门征税的形式组织财政收入，支持工业化建设。如表3－1所示，尽管1955～1977年农业各税占全国税收总额的比重呈逐渐下降态势，但1955～1970年农业各税占比保持在10%以上，是国家财政收入的重要来源。同时，1955～1972年中国农业各税与财政支农支出的比重基本均大于1（1960年、1961年系自然灾害期间财政支农资金的偶发性增长所致），表明该时期农业部门对财政的贡献大于政府财政对农业的支持，即农业出现负保护状态。

当然，这一时期财政对农业水利设施修建、农业机械化统一给予了一定的扶持，但囿于该阶段特定的发展战略、"统收统支"的财政体制、自然灾害及"文化大革命"等重大历史事件的影响，财政支农资金绝对规模尽管逐渐增加，但相对规模却波动明显，缺乏稳定性（见图3－1）。直至1970年《第四个五年计划纲要》强调加快农业发展、增加粮食产量后，国家财政支农资金占比实现稳定的增长态势。

---

① 宋洪远. 改革以来中国农业和农村经济政策的演变 [M]. 北京：中国经济出版社，2000：149.

表 3 - 1   1950～1977 年农业各税规模及占比情况

年份	农业各税（亿元）	财政支农支出（亿元）	农业各税/总税收（%）	农业各税/支农支出（亿元）
1950	19.10	1.99	39.00	9.60
1951	23.35	3.67	28.78	6.36
1952	27.35	2.69	28.00	10.17
1953	27.51	2.99	22.99	9.20
1954	33.13	3.98	25.06	8.32
1955	30.72	5.82	24.10	5.28
1956	29.65	7.70	21.05	3.85
1957	29.67	7.99	19.16	3.71
1958	32.59	9.34	17.39	3.49
1959	33.01	22.05	16.13	1.50
1960	28.04	33.73	13.77	0.83
1961	21.66	31.01	13.64	0.70
1962	22.83	19.29	14.09	1.18
1963	24.00	22.19	14.61	1.08
1964	25.89	20.92	14.23	1.24
1965	25.78	17.29	12.62	1.49
1966	29.55	19.11	13.31	1.55
1967	28.95	16.12	14.72	1.80
1968	30.02	12.89	15.67	2.33
1969	29.56	14.87	12.56	1.99
1970	31.98	15.91	11.37	2.01
1971	30.86	19.65	9.87	1.57
1972	28.37	25.10	8.95	1.13
1973	30.52	35.49	8.75	0.86
1974	30.06	38.23	8.34	0.79
1975	29.45	42.53	7.31	0.69
1976	29.14	46.01	7.14	0.63
1977	29.33	50.68	6.26	0.58

资料来源：根据《新中国六十年统计资料汇编》整理计算所得。

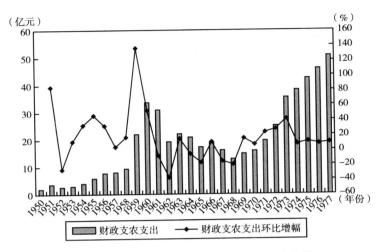

图3-1　1950～1977年中国财政支农资金变化情况

资料来源：根据《新中国六十年统计资料汇编》整理计算所得。

二、财政支粮政策的调整过渡阶段（1978～1993年）

党的十一届三中全会后，党和国家的工作重心逐步转向经济建设。在调整国民经济、推进经济管理体制改革的过程中，财政体制改革成为重要突破口。自1980年起，在放权让利、扩大地方和企业财权的同时，中央与地方的分配格局进行了调整，实行"分灶吃饭"的财政体制[①]。与此同时，伴随家庭联产承包责任制的实施，农村生产力得到进一步解放。在此背景下，国家运用价格、收储及财政手段促进粮食生产、保障粮食安全，财政支粮政策进入调整过渡阶段。

一是提高粮食统购价格，实施粮食购销"双轨制"。家庭联产承包责任制在中国农村创造性实施后，粮食统购统销政策并未即刻取消，而是对一部分粮食流通实施计划管理，对另一部分粮食则允许市场自由调节，即实施粮食购销"双轨制"。在这一过程中，为保障粮农和粮食消费者利益，国家提高粮食统购价格，如党的十一届三中全会通过的《中共中央关于加快农业发

---

①　谢旭人. 中国财政改革三十年［M］. 北京：中国财政经济出版社，2008：34.

展若干问题的决定（草案）》规定，粮食统购价格从 1979 年夏粮上市起提高20%，超购部分在此基础上加价 50%（谢旭人，2008），同时通过限价统销和国有粮企的低价销售平抑市场粮价的上涨，对粮食购销差额则给予财政补贴，从而有效稳定了粮食市场。然而，由于粮食购销价的倒挂，以政府补贴为主的财政支粮政策加剧了国家财政负担。数据显示，1978～1984 年国家用于粮食价格补贴的资金规模高达 955. 39 亿元，约为同期财政支出总额的 10. 5%[①]。

二是实施粮食合同定购制度及粮食储备制度。为保护并鼓励粮农生产及交粮、售粮积极性，中共中央、国务院实施粮食合同定购政策，主要包括如下两大举措：一方面，确立小麦、玉米、水稻及黑龙江、吉林、辽宁、内蒙古四省的大豆为合同定购粮食品种，对不同区域实施差异化的定购任务，以平价化肥奖售和优先给予农业贷款等优惠政策奖励签订定购合同的粮农；另一方面，根据粮食丰歉情况实施"议转平"政策，即在合同定购任务外，从各地议价收购粮食中上交部分粮食，由国家统筹使用，议购价随行就市，国家与各地结算则按实际购进价格结算，但结算价格不超过原超购价格，结算价格与议购价格的价差则由中央财政补贴，从而保障粮食调控能力。此外，为进一步确保国家粮食安全，中国于 20 世纪 90 年代逐步建立粮食储备制度，出台《国务院关于建立国家专项粮食储备制度的决定》等制度文件，全国各地建立国家专项及地方粮食储备，相关支出均由国家及地方财政负担。

三是设立财政支农专项资金，实施财政贴息支农政策。自 1986 年起，国家先后设立诸如"发展粮食生产专项资金""丰收计划专项资金""优质农产品专项资金"等多项专项资金，并对地方配套予以引导、约束，以改善粮食生产条件。同时，为进一步改善农业生产条件，增加粮食等主要农产品产量，国家建立农业发展基金（后更名为"农业综合开发资金"），通过大规模的农业综合开发以提升粮食等主要农产品综合生产能力。此外，国家通过实施财政贴息政策，引导金融信贷资金用于"支援粮食生产""水利喷灌""救灾备荒种子"等项目，进一步加大对农业的扶持[②]。

值得一提的是，尽管这一时期国家财政对粮食生产、国家粮食安全已采

---

① 田红宇. 财政分权、财政支农政策与粮食生产研究 [D]. 重庆：西南大学，2016：56.
② 谢旭人. 中国财政改革三十年 [M]. 北京：中国财政经济出版社，2008：217-218.

取一定程度的支持，但从整体上看，财政对农业投资力度仍然不足，粮农负担仍然较重。一方面，财政支农规模逐渐上升，但该时期财政支农资金规模占财政支出总额的比重呈逐渐下降态势。数据显示，"五五"时期（1976～1980 年）、"六五"时期（1981～1985 年）、"七五"时期（1986～1990 年）财政支农支出占比由 13.13% 降至 8.8% 继而略有提升至 9.08%，整体上仍呈下降趋势[①]。另一方面，在农业基本建设方面，该时期中国财政农业基建投资存在"缺位"。数据显示，1979 年财政用于农业基建支出总额达 62.41 亿元，1980 年、1981 年该项指标分别降至 48.59 亿元、24.15 亿元，此后直至 1989 年该项支出均持续低于 1979 年支出水平[②]，从而造成中国农业基础薄弱、发展后劲不足的现实。此外，家庭联产承包责任制实施后，农民成为直接的缴纳税费的责任主体，而 1983～1985 年"社改乡"后，基层政府在财力存在缺口情况下便以各种名义向农民收取费用。农民除缴纳"三提五统"等税费外，还面临各种乱集资、乱收费、乱摊派问题，从而加重了农民的负担，抑制了农民的种粮积极性。从总体上看，在农业政策调整过渡阶段，尽管政府已开始重视对农业（特别是粮食等主要农产品）的扶持，财政支粮力度较之以农补工阶段逐步提升，但仍处于较低水平，且农民所承担的税费负担亦较为沉重。

三、财政支粮政策的推进完善阶段（1994～2003 年）

党的十四大确立了中国经济体制改革的目标是建立社会主义市场经济体制，各项经济体制均围绕该项目标进行改革完善。在财政体制方面，囿于原有财政包干体制弱化了中央政府宏观调控能力，并造成地方政府间的无序竞争，故自 1994 年起，分税制财政体制得以建立。此后，中央及地方财政收入均保持较快增长，政府宏观经济调控能力得以增强。在此背景下，国家通过实施粮食收购保护价政策、加大财政支农投入、推进农村税费改革等方式逐步推进完善财政支粮政策，初步形成"增支减负"的基本思路。

---

① 根据《中国财政年鉴》（2004）整理所得。
② 根据《中国财政年鉴》（1994、2004）整理所得。

一是1993～2003年实施粮食收购保护价格制度。国务院于1993年发布《国务院关于建立粮食收购保护价格制度的通知》。根据补偿粮农生产成本且有适当利润的原则，综合考虑国家财政承受能力，制定粮食收购保护价收购粮食。同时，建立粮食风险基金制度，在粮食市场价低于保护价时，按保护价格收购粮食；在粮食市价上涨过多时，按较低价格出售，二者差价由风险基金补偿。

二是加大财政支农资金投入力度，注重改善农村基础设施。数据显示，1994～2003年国家财政用于农业的支出由532.98亿元增长至1754.45亿元，财政支农支出占比由"八五"时期的9.32%增至"九五"时期的22.58%。其中，该时期国家注重对农村基础设施的扶持，1994年国家财政用于农业基本建设的支出资金首次突破100亿元，由107亿元迅速增长至2003年的527.36亿元，通过发行长期建设国债等方式支持农村"六小工程"建设，改善农村生产生活条件，增强农业发展后劲[①]。

三是支持推进农村税费改革。长期以来，中国农民承担较重的税费负担，特别是部分非税负担项目，有增无减。统计显示，除"三乱"问题外，农民所承担的税费负担由1990年的469亿元增至2000年的1359亿元，人均税费负担则由55.8元增至168.4元[②]。基于此，中央政府于2000年起推行农村税费改革，实行"三取消、两调整、一改革"政策，并设立农村税费改革转移支付资金，以保障税费改革平稳推进，逐步减轻农民税费负担[③]。

同样，由于该时期处于分税制财政体制实施初期，国家财政实力仍相对有限，财政支农资金规模虽不断增长，但支农资金占比却波动明显。1999～2003年财政支农资金占比由8.23%连续降至7.12%，相应的粮食产量亦由1999年的50838.6万吨降至2003年的43069.5万吨[④]。同时，正如前文所

---

① 根据《中国财政年鉴》（2004）整理所得。

② 谢旭人．中国财政改革三十年［M］．北京：中国财政经济出版社，2008：219 - 220．

③ "三取消"指取消面向针对农民的多种行政事业性收费、政府性基金、集资，取消屠宰税及逐步取消农民劳动积累工和义务工；"两调整"指调整农业税和农业特产税政策；"一改革"指改革村提留的征收使用方法。相关资料均来源于谢旭人所著《中国财政改革三十年》（2008年版，第220页）。

④ 根据《中国统计年鉴》（2004）整理计算所得。

述，农村居民所承担的税费负担仍较为沉重。当然，从这一时期政府所实施财政支农政策的整体思路看，财政支农"增支减负"思路已逐步形成，财政支农政策正逐步完善。

四、财政支粮政策的全面转型阶段（2004 年至今）

21 世纪初以来，中央提出将解决"三农"问题作为全党全国全部工作的"重中之重"的战略思想，并做出"中国总体上已到了以工促农、以城带乡发展阶段"的重大论断，制定工业反哺农业、城市支持农村和"多予、少取、放活"的基本方针，通过相应的制度设计与政策实践助推"三农"问题的破解。自 2004 年起至 2021 年，中央连续出台 18 个事关"农业、农村、农民"的文件，并与《中共中央关于推进农村改革发展若干重大问题的决定》共同构成新时期农业发展支持政策的制度框架，结合农业供给侧结构性改革需要，对粮食生产、储存、加工、销售等环节实施多项支持与保护政策，并通过取消农业税等形式切实减轻农民负担，从而有助于促进粮食产量的持续稳定增长。

第一，实施以粮食最低收购价政策、临时收储政策为代表的价格支持政策。2004 年中国全面放开粮食购销市场，为保障粮食充足供应并维护粮农收益，国家对主要粮食品种（水稻、小麦）实施粮食最低收购价政策，并根据市场粮价情况先后于 2005 年在南方水稻产区及 2006 年在北方小麦主产区实施，从而保障了粮农种粮收益，极大提升了农民的种粮积极性。同时，为保护粮农发展粮油生产积极性，维护粮油市场稳定，中国于 2008 年 3 月在东北地区启动临时收储政策。临时收储是政府根据局部地区粮油供求关系调节的需要而采取的一项临时性托市收购政策，其目标主要是确保国家控制一定规模的粮源并用于稳定粮食市场[1]。该项政策初期主要针对玉米、稻谷、大豆、油菜籽等作物。2014 年，国家取消大豆临时收储政策，启动东北、内蒙古地区大豆目标价格改革试点。2017 年又将大豆目标价格补贴政策调整为实行市场化收购加补贴的大豆生产者补贴政策。同样，2016 年取消玉米临时收

---

① 贺伟，朱善利. 我国粮食托市收购政策研究［J］. 中国软科学，2011（9）：10 – 17.

储制度，建立玉米生产者补贴制度。

第二，实施以粮食直补、农资综合补贴、良种补贴、农机具购置补贴、农业保险保费补贴及农业支持保护补贴在内的直接补贴政策。就粮食直补政策而言，中国于2002年起在安徽、吉林等地区试点粮食直接补贴政策，并于2004年在全国推广。粮食直补是对农民种粮行为的补贴，该政策将原流通环节的补贴资金转而直接补给粮农，变暗补为明补，由中央及地方财政共同负担。补贴依据主要包括：按粮食交售量补贴、按粮食种植面积补贴及农业税费改革时核定的计税土地面积等；就农资综合补贴而言，为应对化肥、农机用油等农业生产资料价格的持续上涨，降低种粮成本，中国于2006年实施农资综合补贴政策。补贴资金由中央财政预算安排，纳入粮食风险基金专户管理。在补贴标准方面，则根据全年预计的化肥、农药、柴油、农用薄膜等农业生产资料价格变动幅度对粮农种粮收益的实际影响情况予以确定。在资金分配上，则与各省区的平均粮食播种面积、产量、商品量等因素挂钩，即粮食播种面积越大、产量越大、商品量越高，得到的补贴资金越多；就良种补贴而言，该项粮食扶持政策力图通过对优势地区优势品种进行补贴，以引导农户选用良种，并实现良种规模化连片种植，进而推进中国优势粮食品种区域布局，提升粮食综合生产能力和市场竞争力。中国在2002年起首先在黑龙江、吉林、辽宁及内蒙古地区实施1000万亩高油大豆的示范良种推广补贴项目，2003年开始逐步在全国实行。在粮食品种的覆盖范围方面，主要有小麦、水稻、玉米、大豆等粮食品种。在补贴依据方面，主要是依据粮农实际种植品种、种植面积或计税面积；就农机具购置补贴而言，为促进农民节本增收，逐步改善农机化生产和作业条件，进而提高农业机械化水平，中国于2004年起开始实施农机具购置补贴政策，即国家对农民个人（农场职工）和直接从事农业生产的农机服务组织购买农用机具给予相应的补贴。在补贴对象方面，根据扶优扶强的原则，将农机作业服务组织、种粮大户、农机大户、纳入农业部科技入户工程的科技示范户以及新农村建设试点村中农户为优先选择的补贴对象。在补贴范围方面，主要是农民（农场职工）和农业生产经营组织购买国家支持推广的先进适用农业机械，如大中型拖拉机、粮食及农副产品的产后处理机械、农田作业机具、秸秆及饲草处理及养殖机械等。在资金来源方面，农机具购置补贴资金由中央、省及各地方财政安排专项资金，相应的补贴标准和价格由农业部、财政部确定；就农业保险保费补贴而言，为支持建立农业保险制度，提高农业抗风险能力及灾后恢复生产能力，并切实保障农民利益，中国于 2007 年在吉林、内蒙古等 6 个省份开展农业保险保费补贴试点，补贴品种包括小麦、水稻、玉米、大豆、棉花等。对于中央规定的补贴险种，保费由中央、地方财政部门及农户共同承担；就农业支持保护补贴而言，中国在 2016 年实施农业"三补贴"改革，将种粮直补、农资综合补贴、良种补贴合并为"农业支持保护补贴"，用于耕地地力保护和支持粮食适度规模经营。此外，中国于 2016 年终止玉米临时收储制度，并在东北及内蒙古建立玉米生产者补贴制度，实施"市场化收购＋补贴"政策，以期解决玉米的阶段性过剩问题，并调整农业种植结构，推进农业供给侧改革。同时，对玉米深加工企业亦予以一定的补贴扶持。

第三，逐步加大对粮食生产的一般公共服务支持。为充分调动地方政府重农抓粮的积极性，中国于 2005 年实施产粮大县奖励政策，并逐步完善奖励机制，加大奖励力度；为夯实粮食生产基础，中央财政逐步加大对农村基础设施的扶持力度。如 2005 年中央财政设立小型农田水利建设补助专项资金，2011 年，中央《关于加快发展现代农业进一步增强农村发展活力的若干意见》进一步提出，"健全农田水利建设新机制，中央和省级财政要大幅加强专项补助资金，市县两级政府也应切实增加农田水利建设投入"等；针对中国人多地少、耕地后备资源不足且耕地质量不高的现实，国家实施高标准农田建设工程，加大中央基本建设资金、农业综合开发、农村土地整治及中长期政策性贷款等资金对基本农田建设的扶持力度，扩大测土配方施肥、土壤有机质提升补贴规模及范围，积极推广保护性耕作及旱作农业示范技术，加快将低产田改造为产量稳定的中产田、中产田建设成为旱涝保收的高产田；为发挥科技之于粮食生产的促进作用，中央财政逐步加大对农业科技的扶持力度。2005～2009 年在黑龙江、陕西、湖南、安徽四省实施农业科技项目，继而实施基层农技推广体系建设政策。于 2009 年启动实施"基层农技推广体系改革与建设示范县项目"，并于 2012 年启动实施农业技术推广服务特岗计划试点，选拔一批大学毕业生到乡镇开展农技推广、农产品质量监管等农业公共服务工作；为切实提高农民综合素质及生产技能，2010 年，中央《关于加大统筹城乡发展力度进一步夯实农业农村发展基础的若干意见》提出，"积极开展农业生产技术和农民务工技能培训，增强农民科学种田和就业创业能力"，并通过实施农村实用人才带头人素质提升计划、现代农业人才支持计划等项目开展农民培训和农村实用人才培养工作。此外，诸如农业灾害救助、农业病虫害防控、农业生态环境保护体系建设等项目，同样得到财政的大力扶持。

第四，取消农业税，减轻农民负担。2003 年国务院发出《关于全面推进农村税费改革试点工作的意见》，2004 年，中央《关于促进农民增加收入若干问题的意见》提出，"逐步降低农业税税率，同时取消除烟叶外的农业特产税"；2005 年底中国 28 个省区市及河北、山东、云南三省的 210 个县（市）全部免征了农业税；2006 年 1 月 1 日《农业税条例》正式废止，标志着中国全面取消农业税，从而切实减轻了农民负担，增加了农民从事农业生产的积极性。

第二节　财政保障国家粮食安全的现行政策

根据本书第一章相关概念范畴界定、经济合作与发展组织通用划分方法及中国财政支粮实际，同时借鉴程国强（2011）的研究成果，将中国财政支粮的现行政策划分为价格支持政策、挂钩直接补贴政策和一般服务支持政策。如表 3 - 2 所示，价格支持政策主要表现为粮食最低收购价政策，该项政策为价格支持政策的核心政策工具；由于中国 2016 年实施农业"三补贴"改革，改革后挂钩直接补贴政策则主要包括农机具购置补贴政策、农业支持保护补贴政策、农业保险保费补贴政策及玉米、大豆生产者补贴政策，上述政策为中国保障粮食安全的重点举措。具体到一般服务支持项目，则主要包括农业基础设施建设、农业科技研发与推广、产粮大县奖励政策、农民培训工程、现代农业示范项目、农业综合开发项目、测土配方施肥补贴、病虫害检验检疫服务等农业公共服务支出项目。以下将就价格支持政策、挂钩直接补贴政策及一般服务支持政策中的重点支持举措进行介绍。

表 3－2 中国财政支粮政策框架

	OECD 分类	中国现行财政支粮政策	备注
中国财政支粮政策框架	价格支持政策	最低收购价政策	核心政策工具
	挂钩直接补贴政策	农机具购置补贴政策、农业支持保护补贴政策、农业保险保费补贴政策及玉米、大豆生产者补贴政策	重点政策措施
	一般服务支持政策	农业基础设施建设、农业科技研发与推广、产粮大县奖励政策、农民培训工程、现代农业示范项目、农业综合开发项目（含土地治理项目）、测土配方施肥补贴、病虫害检验检疫服务	农业公共服务支出范畴

注：本表中财政支粮政策系非穷尽列举。

资料来源：（1）程国强．中国农业补贴：制度设计与政策选择［M］．北京：中国发展出版社，2011；（2）政府有关政策文件分类整理所得。

一、价格支持政策

价格支持政策是国家以价格手段干预粮食市场以达到特定的政策目标，目前在中国广泛实施的主要为粮食最低收购价政策。为保护粮农种粮收益，调动粮农种粮积极性，促进粮食生产，中国于 2004 年起实施粮食最低收购价政策。具体讲，该项政策是当标的粮食作物（小麦、水稻）的市场价格低于国家制定的当年最低收购价时，由国家在政策实施粮食主产省份委托中储粮及受中储粮委托的企业、地方储备粮管理公司按照最低收购价托市收购，粮食购销价差及存储保管等费用则由政府进行补贴。其中，小麦的执行范围主要为河南、河北、江苏、安徽、山东及湖北 6 个省份；早籼稻的执行范围为湖南、湖北、江西、安徽及广西 5 个省份；中晚籼稻及粳稻的执行范围则为黑龙江、吉林、辽宁、安徽、江西、湖北、湖南、河南、江苏、四川及广西 11 个省份。在政策运行时间方面，最低收购价政策并非全年实施，而是按照粮食收获季节和农民售粮习惯规定了一定的时间期限。在此时间内可以按照最低收购价收购农民的粮食，超出期限则按市场供求关系自主决定价格。

如表 3－3 所示，2005 年因小麦市场价格高于最低收购价，故未启动小麦最低收购价政策。2006～2014 年白小麦、红小麦、混合麦最低收购价分别由 0.72 元/斤、0.69 元/斤、0.69 元/斤持续上升至 1.18 元/斤，此后 2014～2017

表 3-3 2005~2022 年中国粮食最低收购价格变动趋势

单位：元/斤

品种		2005年	2006年	2007年	2008年	2009年	2010年	2011年	2012年	2013年	2014年	2015年	2016年	2017年	2018年	2019年	2020年	2021年	2022年
小麦	白小麦	—	0.72	0.72	0.77	0.87	0.90	0.95	1.02	1.12	1.18	1.18	1.18	1.18	1.15	1.12	1.12	1.13	1.15
	红小麦	—	0.69	0.69	0.72	0.83	0.86	0.93	1.02	1.12	1.18	1.18	1.18	1.18	1.15	1.12	1.12	1.13	1.15
	混合麦	—	0.69	0.69	0.72	0.83	0.86	0.93	1.02	1.12	1.18	1.18	1.18	1.18	1.15	1.12	1.12	1.13	1.15
水稻	早籼稻	0.70	0.70	0.70	0.77	0.90	0.93	1.02	1.20	1.32	1.35	1.35	1.33	1.30	1.20	1.20	1.21	1.22	—
	中晚籼稻	0.72	0.72	0.72	0.79	0.92	0.97	1.07	1.25	1.35	1.38	1.38	1.38	1.36	1.26	1.26	1.27	1.28	—
	粳稻	0.75	0.75	0.75	0.82	0.95	1.05	1.28	1.40	1.50	1.55	1.55	1.55	1.50	1.30	1.30	1.30	1.30	—

资料来源：根据国家发展和改革委员会、国家粮食和物资储备局网站整理所得。

年小麦最低收购价始终保持在 1.18 元/斤的水平，2018 年小麦最低收购价首次由 2017 年的 1.18 元/斤降至 1.15 元/斤，此后 2019～2020 年持续降低维持在 1.12 元/斤的水平，2021～2022 年小麦最低收购价则由 1.13 元/斤涨至 1.15 元/斤。就水稻而言，早籼稻、中晚籼稻及粳稻最低收购价分别由 2005 年的 0.70 元/斤、0.72 元/斤及 0.75 元/斤持续上升至 2015 年的 1.35 元/斤、1.38 元/斤和 1.55 元/斤，此后早籼稻最低收购价逐步下降至 2019 年的 1.20 元/斤，2020～2021 年则由 1.21 元/斤升至 1.22 元/斤；中晚籼稻 2016 年后则下降至 2019 年的 1.26 元/斤，2020～2021 年由 1.27 元/斤涨至 1.28 元/斤；粳稻 2016 年后则下降至 2021 年的 1.30 元/斤。从总体上看，小麦及水稻最低收购价大致呈先上升后稳定继而逐步下降且近两年缓慢小幅上升的态势。

二、挂钩直接补贴政策

挂钩直接补贴政策是指政府给予粮食生产者的补贴与现期粮食产量、种植面积、价格、投入品使用、粮农经营收入等挂钩的直接补贴政策。当前，主要有农机具购置补贴政策、农业支持保护补贴政策、农业保险保费补贴政策及玉米、大豆生产者补贴政策。

（一）农机具购置补贴政策

为提高农业机械化水平及农业生产效率，中国于 2004 年开始实施农机具购置补贴政策，由国家向农民个人、农场职工、农机专业户和直接从事农业生产的农机作业服务组织购置和更新农业生产所需特定目录中的农用机具给予财政补贴。补贴资金根据重要粮油作物生产关键环节所需机具及地方优势主导产业发展需要，由中央、省及各地方财政安排专项资金。补贴资金规模则综合考虑各省（自治区、直辖市）耕地面积、农作物播种面积、主要农产品产量、购机需求意向、绩效管理考核及中央财政预算资金安排综合确定。在具体的补贴操作方式上，则实行自主购机、定额补贴、县级结算、直补到卡（户），具体操作办法则由各省制定。

从资金使用变化趋势看，2004～2015 年仅中央财政农机购置补贴资金总额即由 2004 年的 7000 万元增长至 2015 年的 237.55 亿元，此后 2016~2020 年中央财政农机具购置补贴资金则由 237.37 亿元下降至 169.43 亿元。总体上看，2004~2020 年中央财政累计实施农机具购置补贴资金共达约 2407.43 亿元。可以说，农机具购置补贴有效调动了农民购机积极性，全国农机装备总量持续平稳较快增长，2004~2020 年中国农机总动力由 6.4 亿千瓦上升至 10.56 亿千瓦，增幅高达 65%。同时，中国农作物耕种收综合机械化率亦加速推进至 2020 年的 71%，重要农时和薄弱环节农机化水平显著提高，有效促进了农业生产方式的转变和农业生产效率的提升①。

（二）农业支持保护补贴政策

为支持耕地地力保护和粮食适度规模经营，2016 年财政部、农业部印发《关于全面推开农业"三项补贴"改革工作的通知》，将良种补贴、粮食直补、农资综合补贴三项补贴合并为农业支持保护补贴。2015 年试点实施中将 80% 的农资综合补贴资金存量及粮食直补、良种补贴资金共同用于耕地地力保护，将 20% 的农资综合补贴资金存量加上种粮大户补贴试点资金和"三项补贴"增量资金共同用于支持粮食适度规模经营。此后，用于耕地地力保护的资金根据 2015 年各省份耕地地力保护资金规模测算，用于粮食适度规模经营的资金则根据 2015 年各省份适度规模经营资金占全国比重，并综合考虑各省份年度农业信贷担保体系建设、绩效考评等情况进行测算。

进一步讲，用于耕地地力保护的资金补贴对象原则上为拥有耕地承包权的种地农民，补贴依据可以为二轮承包耕地面积、计税耕地面积、确权耕地面积或粮食种植面积等，坚持以绿色生态为导向，引导农民综合采取秸秆还田、深松整地、减少化肥农药用量、施用有机肥等措施，切实加强农业生态资源保护，自觉提升耕地地力。数据显示，2018~2020 年中央财政累计拨付 3614.55 亿元资金用于耕地地力保护补贴②。用于粮食适度规模经营的补贴资金支持对象重点向种粮大户、家庭农场、农民合作社和农业龙头企业等新型粮食经营主体倾斜，体现"谁多种粮食，就优先支持谁"。在补贴方式的

---

① 根据《农业机械化统计资料汇编》（2005~2013）、农机 360 网站及《中国统计年鉴》（2021）整理计算所得。
② 根据《中国财政年鉴》（2019~2020）及《2020 年中国财政政策执行情况报告》整理所得。

选择上，鼓励采取贷款贴息、重大技术推广与服务补助等方式支持新型粮食经营主体发展多种形式的粮食规模经营，不鼓励对新型经营主体采取现金直补。如表 3 - 4 所示，2016 年中央财政累计安排农业支持保护补贴资金1404.91 亿元，各省农业支持保护补贴占比高于 3% 的共有 14 个省（自治区、直辖市），扣除云南省后则为中国 13 个粮食主产省、区。显然，各省（自治区、直辖市）补贴资金分配情况基本上符合"多种粮多补贴"的原则①。

表 3 - 4　　　　　　　2016 年农业支持保护补贴资金分配情况

省份	农业支持保护补贴金额（万元）	农业支持保护补贴占比（%）	是否粮食主产区
北京	19970	0.14	否
天津	36365	0.26	否
河北	783567	5.58	是
山西	338654	2.41	否
内蒙古	650545	4.63	是
辽宁	469184	3.34	是
吉林	861134	6.13	是
黑龙江	1430879	10.18	是
上海	21880	0.16	否
江苏	697749	4.97	是
浙江	152021	1.08	否
安徽	862601	6.14	是
福建	141802	1.01	否
江西	504546	3.59	是
山东	897805	6.39	是
河南	1253219	8.92	是
湖北	572015	4.07	是
湖南	675983	4.81	是
广东	292627	2.08	否

①　根据财政部、农业部《关于全面推开农业"三项补贴"改革工作的通知》及《关于调整完善农业三项补贴政策的指导意见》整理所得。

续表

省份	农业支持保护补贴金额（万元）	农业支持保护补贴占比（%）	是否粮食主产区
广西	369601	2.63	否
海南	53986	0.38	否
重庆	261375	1.86	否
四川	792442	5.64	是
贵州	335149	2.39	否
云南	486855	3.47	否
西藏	18200	0.13	否
陕西	348864	2.48	否
甘肃	294769	2.10	否
青海	28510	0.20	否
宁夏	91577	0.65	否
新疆	286316	2.04	否

注：2016 年后财政部未公布各省历年农业支持保护补贴资金规模，故本表仅列 2016 年资金数据。

资料来源：中华人民共和国财政部网站。

（三）农业保险保费补贴政策

为引导农户、龙头企业等参加农业保险，降低自然灾害损失，增强农业抗风险能力，2007 年中国试点实施农业保险保费补贴政策。试点当年以小麦、水稻、玉米、大豆、棉花等大宗农产品为标的作物，以吉林、内蒙古、新疆、江苏、湖南、四川为试点省份，中央财政在省级财政承担 25% 的保费基础上再承担 25% 的保费，同时鼓励市县政府为农户提供保费补贴。随后，国家逐步加大对农业保险保费补贴的扶持力度，逐步完善既有的农业保险保费补贴政策，并于 2016 年研究出台《中央财政农业保险保险费补贴管理办法》，以"中央保大宗、保成本，地方保特色、保产量"为基本要求，坚持"政府引导、市场运作、自主自愿、协同推进"的基本原则，规定针对种植业保险保费补贴，在省级财政至少补贴 25% 的基础上，中央财政对中西部地区补贴 40%、对东部地区补贴 35%。同时，加大对产粮大县三大主粮农业保险的支持力度，规定中央财政对产粮大县三大主粮的补贴比例提高至中西部平均46.22%、东部平均40.58%，分别高出6.22个和5.58个百分点，从而有效减轻产粮大县的财政支出压力，扩大农业保险覆盖面并有助于稳定产粮大县粮食产出。此后，财政部等相关部门结合近年来工作实践及新形式要求，于2021年12月发布《关于印发〈中央财政农业保险保费补贴管理办法〉的通知》，并于2022年起实施。根据办法内容，三大主粮仍为中央财政提供保费补贴的农业保险标的，省级财政平均补贴比例表示为（25% + a%），以保费规模为权重加权平均计算。当a≥0时，中央财政对中西部地区和东北地区（不含大连）补贴45%，对东部地区补贴35%；当a＜0时，中央财政对中西部地区和东北地区（不含大连）补贴（45% + a% ×1.8），对东部地区补贴（35% + a% ×1.4）。

数据显示，2007～2021年，中央财政用于农业保险保费补贴资金累计达2201.1亿元。其中，仅2021年中央财政用于农业保险保费补贴的资金即高达333.45亿元，较上年增长16.8%，以中央财政资金的持续支持带动全国农业保险保费收入的增长，持续推进农业保险高质量发展[①]。

（四）玉米、大豆生产者补贴政策

玉米和大豆生产者补贴政策是2017年国家发改委"统筹玉米、大豆补贴机制"的具体实践。就玉米生产者补贴而言，2004～2015年中国粮食产量"十二连增"后，粮食结构性矛盾日渐凸显，三大主粮中玉米出现较为严重的阶段性过剩，库存高企。同时，为深入完善中国农产品价格形成机制，中国于2016年将玉米临时收储政策调整为玉米生产者补贴制度。该补贴政策的基本安排是实施"市场定价、价补分离"，即通过市场化收购加补贴，玉米价格由市场形成，中央财政则对黑龙江、吉林、辽宁及内蒙古四省（区）给予一定补贴，鼓励地方将补贴资金向优势产区集中，保障优势产区玉米种植收益的基本稳定。同时，国家对各省区亩均补贴水平保持一致，并体现"优质优价"，以促进种植结构调整。中央财政将补贴资金拨付至省级财政后，由各省区制订具体的补贴实施方案，补贴范围、补贴对象、补贴依据及补贴标准等内容均由各省区确定。数据显示，2016年中央财政共分两批次发

---

① 根据《中国财政年鉴》（2008、2020）及财政部官网整理计算所得。

放玉米生产者补贴资金，累计发放补贴资金约 390.39 亿元，其中黑龙江省累计发放补贴资金规模最高，共约 148.72 亿元。此后 2019～2020 年，黑龙江省中央财政玉米生产者补贴资金规模则由 24.02 亿元增至 29.43 亿元[①]。

就大豆生产者补贴而言，由于 2014 年试点实施的大豆目标价格政策与政策目标存在一定差距，故而 2017 年在对大豆目标价格改革试点调查评估的基础上，调整其为市场化收购加补贴的大豆生产者补贴政策，以鼓励增加大豆种植，配合玉米调减实现种植结构调整。较之于目标价格政策，其根据当年目标价格与市场价格之间差价确定补贴标准，但大豆生产者补贴的补贴标准事先确定，与市场价格无关（田聪颖、肖海峰，2018）。以黑龙江省为例，2020 年大豆生产者补贴标准为 238 元/亩（玉米仅为 38 元/亩），该省累计发放中央财政大豆生产者补贴资金 170.08 亿元，约为当年该省中央财政生产者补贴资金总额的 85.24%[②]。

三、一般服务支持政策

一般服务支持政策是公共财政对整个农业部门的支持。就中国而言，主要包括农业基础设施建设、农业综合开发（含财政土地治理）项目、农业科技研发与推广项目、产粮大县奖励政策、现代农业示范项目、农民培训工程、病虫害检验检疫服务等。

（一）农业基础设施建设

农业基础设施是粮食生产的"先行资本"，加强农业基础设施建设对于夯实粮食生产基础、增强粮食生产能力、抵御农业自然灾害、促进粮农"节本增收"意义重大。从构成上讲，农业基础设施主要包括农田水利设施、农村道路、电力设施以及其他用于支撑农业发展的相关设施。尽管 21 世纪初以来国家逐步加大对农业基础设施的扶持力度，但受发展基础、历史欠账等

---

① 根据财政部网站及黑龙江省财政厅网站整理所得。2019 年、2020 年黑龙江省玉米生产者补贴规模较之于 2016 年骤减，原因在于自 2016 年起黑龙江省玉米生产者补贴亩均补贴标准大幅下降，这与调减玉米扩大大豆种植面积政策导向有关。

② 根据黑龙江省财政厅网站整理所得。

因素的影响，中国粮食生产"靠天吃饭"的现象仍未完全改变，以农田水利为重点的农业基础设施建设仍是当前保障国家粮食安全的关键性举措。

2005 年中央财政设立小型农田水利设施建设补助专项资金，以"民办公助"方式支持各地小型农田水利设施建设。2005～2008 年中央财政累计投资 49 亿元，并带动地方财政和农民投资投劳 97 亿元，累计建设 6000 余个项目，取得一定成效。2009 年，中央财政在继续加大投入的同时，实施小型农田水利重点县建设。数据显示，2009 年中央财政共支出专项资金 32 亿元用于小型农田水利设施建设补助，并在全国范围内选择 400 个重点县开展小型农田水利建设，省级财政对各县投入平均水平达 546 万元。2010 年中央财政继续安排小型农田水利重点县建设资金 68 亿元，并新增 450 个小型农田水利重点县。此后，中央财政继续加大对包括小型农田水利建设、节水灌溉工程、农业灾害防治等的建设力度，2015 年累计落实 250 亿元支持 29 项重大水利工程建设，落实 317.86 亿元用于农田水利设施建设补助，同时拨付国家重大水利工程建设基金（南水北调部分）165.35 亿元、南水北调工程基金 9 亿元，用于支持南水北调工程建设；2016～2018 年共安排 889.24 亿元，用于支持包括高效节水灌溉在内的农田水利建设；2017～2018 年累计拨付 455 亿元用以支持灾后水利薄弱环节建设，支持治理小河流和小型病险水库除险加固[①]。

（二）农业综合开发项目

中国于 1988 年开始实施农业综合开发项目，其主要目的是改善农业生产条件，提高农业综合生产能力和综合效益。国家通过设立财政专项资金扶持土地治理项目、产业化经营项目和现代农业园区试点项目发展，从而夯实农业基础设施和生态建设，转变农业发展方式，保障国家粮食安全，促进农村一二三产业融合发展，带动农民增收，进而促进农业现代化和农业可持续发展。从该工程发展历程看，1988～1993 年统称为农业综合开发项目；1994～1998 年农业综合开发项目分为土地治理项目和多种经营项目两类；1999～2003 年原项目增设科技示范项目；2004～2007 年不再设立科技示范项目，

---

① 《中国财政年鉴》（2008～2019）。

农业综合开发项目由土地治理项目和产业化经营项目构成，自 2013 年起增设现代农业园区试点项目。此外，自 1998 年起农业综合开发先后组织实施利用世界银行贷款加强灌溉农业二期三期项目、利用英国国际发展部赠款实施面向贫困人口农村水利改革项目、利用全球环境基金赠款发展适应气候变化农业综合开发项目、实施世界银行贷款扶持可持续发展农业项目及实施利用亚洲开发银行贷款扶持农业综合开发项目等。

如表 3 - 5 所示，1988～2017 年农业综合开发资金构成中，中央财政资金由 5.03 亿元增长至 386 亿元，增长近 75 倍；地方财政资金则由 3.73 亿元增长至 186.05 亿元，增长约 50 倍。同时，30 年间中央财政累计投资 3874.2 亿元，地方财政累计投资 2261.66 亿元。从相对规模看，1988～2017 年中央财政资金占比整体呈上升态势，地方财政资金占比相对平稳，财政资金占比整体呈上升态势。显然，农业综合开发中财政资金仍为资金来源中的主要构成，且中央财政承担相对较大的支出责任。经过 30 年的农业综合开发，中国累计改造中低产田、建设高标准农田 79696.56 万亩，开垦宜农荒地 2988.53 万亩，建设优质粮食基地 1633.08 万亩，在相当程度上夯实了中国粮食生产的基础[①]。此后，以高标准农田建设为绩效目标，2019～2021 年中央财政安排农田建设补助资金由 671.07 亿元增至 770.8 亿元，累计达 2124.67 亿元[②]。

表 3 -5　　　1988～2017 年中国农业综合开发财政资金投入情况

年份	中央财政资金（亿元）	地方财政资金（亿元）	资金总投入（亿元）	中央财政资金占比（%）	地方财政资金占比（%）	财政资金占比（%）
1988	5.03	3.73	17.84	28.20	20.91	49.10
1989	10.09	7.77	34.78	29.01	22.34	51.35
1990	14.06	11.38	49.56	28.37	22.96	51.33
1991	15.25	13.97	56.69	26.90	24.64	51.54
1992	15.77	13.91	62.29	25.32	22.33	47.65
1993	18.21	15.37	72.07	25.27	21.33	46.59

---

① 根据《中国财政年鉴》（2018）整理计算所得。

② 根据财政部官网整理计算所得。

续表

年份	中央财政资金（亿元）	地方财政资金（亿元）	资金总投入（亿元）	中央财政资金占比（%）	地方财政资金占比（%）	财政资金占比（%）
1994	18.21	16.79	68.27	26.67	24.59	51.27
1995	23.52	22.69	87.17	26.98	26.03	53.01
1996	30.53	25.89	119.85	25.47	21.60	47.08
1997	29.31	30.28	129.17	22.69	23.44	46.13
1998	42.11	40.94	164.25	25.64	24.93	50.56
1999	47.26	46.84	188.77	25.04	24.81	49.85
2000	67.68	57.20	197.23	34.32	29.00	63.32
2001	70.86	59.47	206.51	34.31	28.80	63.11
2002	76.19	61.59	237.40	32.09	25.94	58.04
2003	86.71	62.50	237.99	36.43	26.26	62.70
2004	85.65	58.30	256.70	33.37	22.71	56.08
2005	101.83	62.71	306.78	33.19	20.44	53.63
2006	109.90	74.15	336.74	32.64	22.02	54.66
2007	121.06	79.86	363.35	33.32	21.98	55.30
2008	132.44	90.55	392.59	33.73	23.06	56.80
2009	165.90	97.78	452.26	36.68	21.62	58.30
2010	195.12	114.02	509.77	38.28	22.37	60.64
2011	230.22	130.00	518.33	44.42	25.08	69.50
2012	289.91	144.58	566.28	51.20	25.53	76.73
2013	327.45	158.86	630.81	51.91	25.18	77.09
2014	359.71	181.82	754.05	47.70	24.11	71.82
2015	392.23	194.78	795.44	49.31	24.49	73.80
2016	405.98	197.86	740.31	54.84	26.73	81.57
2017	386	186.05	572.05	67.48	32.52	85.16
合计	3874.2	2261.66	6135.86	63.14	36.86	66.51

注：资金总投入构成包括中央财政资金、地方财政资金、银行贷款及自筹资金。另外，根据农业农村部信息公开申请答复书，2018 年机构改革将国家发展改革委农业投资项目、财政部农业综合开发项目、原国土资源部农田整治项目、水利部农田水利建设项目等农田建设项目管理职责整合划入农业农村部，由农业农村部集中组织实施高标准农田建设项目，自 2019 年起未在安排农业综合开发项目。

资料来源：中华人民共和国财政部网站及《中国财政年鉴》（2018）。

（三）农业科技研发与推广项目

农业科技研发与推广是实现中国由传统农业向现代农业转变的关键举措，良种培育、测土配方施肥、农业病虫害防治、农业灾害预警防治、粮食检验检测等先进技术的应用对于保障中国粮食数量、质量安全意义重大。可以说，农业科技是确保国家粮食安全的关键基础支撑，是突破资源环境约束的现实选择，更是加快中国现代化农业建设的决定性力量。基于此，进入21世纪以来中国政府尤其注重不断加大对农业科技研发与推广的扶持力度，以推动"藏粮于技"战略的深入实施。

资料显示，2009 年中央财政安排资金 13 亿元用于支持各地农技推广工作和农技成果转化工作，安排资金 7.7 亿元用于基层农技推广体系改革与建设工作；2010 年中央财政新增 4 亿元用于旱作农业生产技术推广工作；2011 年累计拨付 67.5 亿元（较之上年增长 19.5%）用于支持农业科技成果转化、基层农业技术推广体系改革与建设示范、高产创建、农民培训等工作；2013 年继续安排农业技术推广和服务补助资金 109 亿元，切实增强农业科技支持能力；2015 年安排 36.93 亿元用于支持农业重大技术推广，开展良种良法配套技术推广与服务；2016 年则重点推进农业可持续发展的相关试点工作：一是安排财政资金 15 亿元，支持湖南深入开展重金属污染耕地修复治理试点工作；二是安排试点补助资金 71 亿元，支持河北省实施地下水超采综合治理；三是继续安排 2.76 亿元财政资金促进耕地保护与质量提升，推广秸秆还田、有机肥增施、绿肥种植等技术；四是安排财政资金 5 亿元用于支持东北地区黑土地保护利用工作试点，控制黑土退化；五是继续安排 10 亿元财政资金在河北等 10 个省（区）开展旱作农业技术①；2018 年中央财政继续支持种业基金做大做强，会同农发行共同为种业基金增资 10 亿元，以财政资金撬动社会资金支持种业行业做大做强。

（四）产粮大县奖励政策

为调动地方政府重农抓粮的积极性，完善粮食主产区、主产县利益补偿

---

① 根据《中国财政年鉴》（2008～2017）整理所得。

机制，缓解产粮大县财政困难，并保障中国粮食安全，中国政府于 2005 年起实施产粮大县奖励政策。经过十余年的政策实践，产粮大县奖励政策得以不断完善。根据 2018 年财政部公布的《产粮（油）大县奖励资金管理暂行办法》规定，中央财政对符合规定的产粮大县、商品粮大省、制种大县给予奖励。对产粮大县而言，中央财政按照动态奖励机制每年根据近年全国县级行政单位粮食生产情况确定奖励县名单，按因素法分配奖励资金。同时，常规产粮大县奖励资金可作为一般性转移支付统筹使用，超级产粮大县奖励资金则必须用于扶持粮油生产和产业发展；对商品粮大省而言，奖励资金根据获奖省（区）近五年平均粮食商品量及上年商品粮大省奖励资金绩效评价结果依据98%、2%的权重测算分配，奖励资金需用于支持本省（区）粮油生产和产业发展；对于制种大县而言，奖励资金则实行定额补助方式，一定三年，超大规模制种大县三年共奖励 4500 万元，其他制种大县三年共奖励3000 万元，奖励资金需全部用于制种基地基础设施建设、制种监管、新品种科技试验示范、仪器设备购置等制种产业发展相关的支出项目。数据显示，中国产粮大县奖励资金规模由 2005 年的 55 亿元持续上升至 2020 年的 466.7亿元[①]，以期有效提升地方政府发展粮油生产的积极性，保障中国国家粮食安全。

　　除上述一般服务支持政策外，诸如现代农业示范项目、农民培训工程、病虫害检验检疫服务、农业自然灾害预警防治、粮食公共储备等项目同样得到国家财政的大力扶持，从而有效助推中国粮食产量的提高、质量的提升及农业现代化进程的深入发展。

第三节　现行保障国家粮食安全财政政策的整体成效

　　如表 3－2 所示，价格支持政策、挂钩直接补贴政策及一般服务支持政策构成中国当前保障国家粮食安全财政政策的主体框架。政策实施以来，各项政策从价格保障、要素投入、风险减损、地力维护、绿色生产、公共产品

---

① 　根据《中国财政年鉴》（2006）及财政部网站整理所得。

及服务供给等方面互相配合，形成政策合力，并在整体上产生良好的政策效果，表现在如下三个方面。

一、粮食产量稳步增长，谷物供应基本自给

自 21 世纪初国家实施系列财政支粮政策以来，粮农种粮积极性得到显著提升，粮食产量实现稳步增长，谷物供应基本自给。就粮食产量而言，2004～2020 年我国粮食总产量由 46946.9 万吨增至 66949.2 万吨，实现"十七连丰"，并连续 6 年（2015～2020 年）保持在 6.5 亿吨以上。同时，2004～2020 年我国人均粮食占有量由 361.13 公斤/人升至 474.1 公斤/人，且该指标自 2010 年起持续突破 400 公斤/人的国际安全标准。就谷物供应而言，2004～2020 年我国谷物总产量由 41157.2 万吨增至 61674.3 万吨，人均谷物占有量则由 316.59 公斤/人升至 436.75 公斤/人，且该指标自 2013 年起持续高于国际公认的 400 公斤/人的粮食安全标准。目前，我国谷物自给率超过 95%，小麦、水稻两大口粮产需有余，完全能够自给，进出口主要为品种调剂，牢牢守住了"谷物基本自给、口粮绝对安全"的粮食安全底线[①]。

二、粮食综合生产能力显著提升

粮食综合生产能力显著提升是长期以来稳定实施的财政支粮政策效果的又一重要表征。在农业科技进步方面，2020 年农业科技进步贡献率达到 60.7%，比 1996 年的 15.5% 提高了 45.2 个百分点，科技进步已超过传统要素投入成为农业发展的重要引擎；在农业机械化水平方面，2020 年主要农作物耕种收综合机械化率达到 71%，其中小麦耕种收综合机械化率稳定在 95% 以上，水稻、玉米则分别超 85%、90%，粮食生产机械化、现代化水平得到提升[②]；在农业基础设施建设方面，以农田灌溉为例，我国农田有效灌溉面积由 1949 年的 2.4 亿亩增至 2020 年的 10.37 亿亩，占全国耕地面积约

---

① 根据《中国统计年鉴》（2005、2021）及 2019 年《中国的粮食安全》白皮书整理计算所得。
② 根据中国青年网整理所得。

50%的灌溉面积，生产了全国总量75%的粮食和90%以上的经济作物[1]，成为世界第一灌溉大国；在耕地数量质量方面，我国严守耕地保护红线，从严管控各项建设占用耕地特别是优质耕地，健全建设用地"增存挂钩"机制，实行耕地占补平衡政策，严守18亿亩耕地红线。根据第三次全国国土调查的数据，截至2019年我国耕地共有19.19亿亩，夯实了粮食生产的耕地基础。同时，通过实施测土配方施肥、控制化肥农药施用量、耕地轮作休耕、建设高标准农田等举措提升耕地质量，保护生态环境。尤其是为推进实施"藏粮于地"战略，我国实施高标准农田建设总体规划，建设集中连片、旱涝保收、稳产高产、生态友好的高标准农田。截至2020年，我国已建成高标准农田8391万亩，高效节水灌溉2395万亩[2]，进一步巩固了粮食生产能力。

三、粮食宏观调控能力有效增强

伴随各项财政支粮政策的深入实施，中国粮食宏观调控能力亦得到有效增强。第一，粮食储备、物流及应急供给调节体系逐步完善。近年来，中央和地方粮食储备制度进一步健全，财政通过扶持粮食仓储及物流设施建设，充实粮食库存储备，规范储备粮管理，增强了政府对于粮食市场的调控能力，有力保持国内粮食市场供求平衡及粮价的稳定。例如，2018年全国共有标准粮食仓房仓容6.7亿吨，简易仓容2.4亿吨，有效仓容总量比1996年增长31.9%。同时，粮食物流骨干通道全部打通，公路、铁路、水路多式联运格局基本形成。此外，在大中城市和价格易波动地区，建立了10~15天的应急成品粮储备。应急储备、加工和配送体系基本形成[3]。第二，尊重并发挥市场机制的调节作用同样是宏观调控能力增强的辩证体现。通过逐渐推进"黄箱"政策向"绿箱"政策转型（如粮食收储制度改革、农业"三项补贴"改革等），逐步减少对粮食市场的直接性干预，粮食市场体系和市场功能进一步健全。第三，运用必要的价格、补贴、一般服务支持等"一揽子"财政支粮政策有效增强粮食产业调控能力，尤其注重引导粮农从事粮食生

---

① 根据新华社官网整理所得。
② 根据《中国统计年鉴》（2021）及中华人民共和国中央人民政府网站整理所得。
③ 根据2019年《中国的粮食安全》白皮书整理所得。

产、优化粮食种植结构、提升生产经营效率，助力粮食供给侧结构性改革，保障国家粮食的充足稳定供应。

四、粮食国际合作水平不断深化

受益于我国财政政策激励、粮食自给能力增强及粮食科技水平提升，近年来我国粮食国际化合作水平亦不断深化。具体包括：其一，提供力所能及的国际紧急粮食援助，提升全球粮食安全水平。根据中国外交部发布的数据，2016 年以来，中国政府累计向世界粮食计划署提供超过 1.55 亿美元的捐款，共签订 16 份紧急粮食援助捐赠协议，为 750 多万人口提供基于人道主义的紧急粮食援助，以提高受捐助国家、地区粮食安全水平。其二，深化粮食领域国际合作，共享保障粮食安全的资源与经验。1996 年以来，中国与联合国粮农组织实施了 20 多个多边南南合作项目，向非洲、亚洲、南太平洋、加勒比海等地区的近 30 个国家和地区派遣近 1100 人次粮农技术专家和技术员，约占联合国粮农组织南南合作项目派出总人数的 60%[1]，同时，中国与 60 多个国家和国际组织签署了 120 多份粮食和农业多双边合作协议、60 多份进出口粮食检疫议定书，与 140 多个国家和地区建立了农业科技交流和经济合作关系，与 50 多个国家和地区建立了双边农业合作工作组。如此，在合作过程中促进中国先进粮食生产经验与技术的传播、应用，带动部分发展中国家粮食综合生产能力的提升。例如，2018 年我国杂交水稻在尼泊尔推广种植 4500 亩以上，增产幅度为 40% ~ 100%，并举办现场观摩、示范培训活动[2]。其三，运用财政金融等政策引导农业企业"走出去"，拓展我国粮食产业发展空间。例如，我国设立外经贸发展专项资金、中国海外农业投资开发基金支持农业企业赴海外投资；自 2017 年以来由农业农村部每年组织一次"10 + 10"银企对接活动，为海外投资农业企业与金融机构搭建交流平台；设立海外投资保险，开展政策性保险业务，由中央财政制定相关业务管理办法，以弥补海外农业企业因政治风险等而引致的损失。数据显示，2013 ~ 2020

---

① 根据 2019 年《中国的粮食安全》白皮书整理所得。
② 根据人民网相关数据整理所得。

年6月，海外投资保险项目共签订保单226个，保险金额达60.1亿美元①。

第四节　现行保障国家粮食安全财政政策
存在的主要问题

　　2014年7月至2021年11月，笔者多次组织所在学校在校研究生、本科生赴我国中部粮食主产省所辖部分市（县）开展寒暑期社会实践调研，依托所主持及参与的国家级、省部级项目，对中国粮食安全的财政保障政策展开相对广泛的多轮次"田野调查"。受不同类型调研主题的影响，财政支粮问题仅为各调研设计中的部分内容，且考虑到本部分主要是定性挖掘现行保障国家粮食安全财政政策存在的问题，故而调研过程以深入访谈式调查为主，以问卷调查为辅，具体调研过程如表3-6所示。通过较为充沛的"田野调查"，结合前期所开展的文献研究、专家咨询等工作，对中国当前价格支持政策、挂钩直接补贴政策及一般服务支持政策中的主要财政支粮政策存在的问题作一定性描述。

表3-6　　　　　　　　　　　　实地调研情况

序号	时间	调研地点	调研主题	调研对象	调研方式
1	2014年7月9~11日	湖北十堰市郧县	气候变化与农产品安全问题	郧县大柳乡杨家村、白泉村、黄龙庙村民	深入访谈为主，问卷调查为辅，回收70份有效问卷
2	2015年1月25~28日	湖北咸宁市嘉鱼县	中国农业支持政策与执行效果评价	普渡镇王家庄村、大路村、东湖村村民	深入访谈为主，问卷调查为辅，回收224份有效问卷
3	2015年7月13~17日	湖北黄冈市蕲春县	中国农业支持政策与执行效果评价	蕲春县财政局，蕲春县漕河镇、赤东镇、向桥乡、大同镇等5镇16村种粮农户	深入访谈

---

　　①　根据农业农村部《对十三届全国人大三次会议第5968号建议的答复》整理所得。

续表

序号	时间	调研地点	调研主题	调研对象	调研方式
4	2016 年 1 月 23～25 日	湖北黄石市阳新县	中国农业经济发展综合调查	阳新县龙港镇汪家垅村、车桥村、阮家畈村、星潭村粮农	深入访谈为主，问卷调研为辅，回收 200 份有效问卷
5	2016 年 7 月 10～16 日	河南省邓州市	主产区粮食安全的财政支持政策效果研究	邓州市财政局、粮食加工企业，邓州市张楼乡、小杨营乡等 5 乡 10 村种粮大户	深入访谈
6	2017 年 1 月 14～18 日	湖南省临湘市	中国农业经济发展综合调查	临湘市羊楼司镇龙窑山村、百里村、中和村等 4 村村民	深入访谈为主，问卷调研为辅，回收 173 份有效问卷
7	2017 年 7 月 19～20 日	湖北省麻城市	新型粮食经营主体的财政支持政策研究	麻城市财政局、粮食局及麻城市铁门岗乡兴隆寺村、乌龙潭村新型粮食经营主体	深入访谈
8	2018 年 7 月 15～20 日	河南省济源市	新型粮食经营主体的财政支持政策研究	济源市五龙口镇下辖村域部分种粮大户	深入访谈
9	2019 年 11 月 17～19 日	河南省宝丰县	主产区粮食安全的财政支持政策效果研究	宝丰县财政局、农业农村局、康龙集团及部分种粮大户	深入访谈
10	2020 年 10 月 7 日～2021 年 9 月 30 日	河南省济源市（挂职）	主产区粮食安全的财政支持政策效果研究	济源市农业农村局、梨林镇、五龙口镇相关科室（站、中心）、新型粮食经营主体、普通粮农	深入访谈

资料来源：根据实际调研行程安排所制。

一、最低收购价政策扭曲市场，加重粮食结构性矛盾及财政负担

2004 年起实施的粮食最低收购价政策是中国当前农业价格支持框架的核心政策工具。该政策运行近二十年来效果显著，对于提高农民种粮积极性、促进粮食生产意义重大，但同时也暴露诸多弊端，长期难以持续：第一，粮食最低收购价政策助推国内粮价上涨，扭曲市场价格形成机制，并加深粮食

结构性矛盾。为保障粮农利益，伴随粮食生产成本的快速上涨，中国不断提升粮食最低收购价格。近二十年来小麦（白小麦 2006～2022 年）、水稻（早籼稻 2005～2021 年）最低收购价整体增幅分别达 59.72%、74.29%，从而助推国内粮价的逐渐上涨，高于国外进口粮食的到岸完税价，出现"国粮入库、洋粮入国"、"三高"并存等病态现象①。其中，尤其是水稻的库存压力亟待化解②。同时，无论是"托市购粮"还是"顺价售粮"，相应的最低收购价及粮食竞价销售底价均由国家确定，从而扭曲了市场价格形成机制，粮食市场政策性明显，市场活力显著降低。第二，粮食最低收购价未突出"优质优价"，不利于优质小麦及水稻的生产，造成国内粮食结构性短缺。以小麦为例，调查发现当前中储粮收购依据的标准主要是颗粒完整度、水分等，并不区分品种，粮食经纪人等市场主体同样如此，加之优质麦每亩产量低于普通麦，造成种植优质麦的粮农在粮食最低收购价下的收益反而低于普通麦种植户，长此以往便使得普通麦充斥粮库和市场，优质麦供不应求，粮食出现结构性短缺。第三，面对粮库库存高企、粮食出库困难的窘境，为确保粮食最低收购价政策顺利实施，国家财政承担政策粮存储、销售所产生的粮库建设、维修、租赁所需资金及销售亏损，从而增加了国家财政负担。数据显示，2010～2015 年中国用于"粮油物资储备"的财政支出由 1171.96 亿元增至 2613.09 亿元，占全国财政支出总额比重由 1.3% 升至 1.49%。此后，伴随国家开启农业供给侧结构性改革，2016～2020 年"粮油物资储备"支出由 2190.01 亿元波动下降至 2117.3 亿元，占全国财政支出总额比重由 1.17% 亦波动降至 0.86%③。此外，粮食"去库存"前面对库存高企和粮食"应收尽收"之间的矛盾，部分粮库存在故意拖延收购粮食的行为，压缩粮食收购时间。在对中部地区某省的水稻种植大户调研发现，当年 7～8 月收割的水稻甚至到来年 1 月尚未卖完，余粮面临存储困难、发霉变质等困难，从而影响新型粮食经营主体的种粮积极性。长此以往，将进一步加深国内粮食供需结构性矛盾，加大国内粮食需求的外贸依存度，降低财政资金使用效率，损

---

①　根据表 3－3 整理计算所得。

②　由于价格支持政策中的玉米临时收储政策已取消，故本书不再阐述临时收储政策对玉米库存高企的助推和影响，仅研究粮食最低收购价政策对水稻高库存的影响。

③　根据《中国统计年鉴》（2011～2021）整理计算所得。

害国内粮农利益，影响国家粮食安全。

二、农机购置补贴范围、补贴操作不尽合理

结合中国人口老龄化、农业劳动力产业转移及农业生产环境日趋恶化的现实，农业农村部、财政部根据需要对原补贴政策进行了局部调整，但仍存在诸多问题：第一，中央财政资金补贴机具种类范围扩大至 15 大类 44 个小类 172 个品目①，在财政增速放缓背景下将区域内保有量明显过多、技术相对落后的农机产品或低价值机具降低补贴额或剔除补贴范围有助于突出补贴重点、优化补贴结构、提高补贴效益，但现有补贴目录中缺乏对粮食绿色生产农用机具的补贴，如高效施肥、畜禽粪污资源化利用等农机装备，即便是针对产粮大省的敞开补贴机械目录，也鲜有涉及，难以对粮农绿色生产产生引导；第二，受补贴机具目录的确定未进行充分的调查研究，部分机具难以适应地方粮食生产实际；第三，由于农机购置补贴方案层层下达，且地方配套补贴资金、补贴产品目录均需调整，故补贴方案和补贴产品目录易被延后发布，基层农机购置补贴工作启动时间较晚，甚至错过春耕时期，补贴政策效应被抑制；第四，农机购置补贴为非普惠制，现行政策并未明确规定在申请补贴对象较多而补贴资金不足时该如何处理，从而易导致地方寻租和腐败现象；第五，现行补贴政策改"差价购补"为"全价购补"，实行"自主购机、定额补贴、先购后补"，减轻了政府对购机农民与经销商交易市场的直接干扰，但增加了购机涉粮主体的支出压力，从而相对降低粮农的购机积极性。由此，便使得农机购置补贴政策效应难以进一步提升。

三、农业支持保护补贴政策执行偏离目标，政策效应弱化

农业支持保护补贴主要包括两项具体补贴政策：一是将 80% 的农资综合补贴存量资金加上种粮直补和良种补贴资金，用于耕地地力保护；二是将 20% 的农资综合补贴存量资金加上种粮大户补贴资金和农业"三项补贴"增

---

① 根据关于印发《2021—2023 年农机购置补贴实施指导意见》的通知整理所得。

量资金，支持多种形式的粮食适度规模经营。调研发现，政策执行过程中存在如下问题：就耕地地力保护补贴而言，其政策设计以绿色生态为导向，将补贴与耕地地力挂钩，既有助于推进"藏粮于地"战略的实施，又促进支粮补贴"黄箱"改"绿箱"，在 WTO 框架下拓展了农业支持的政策空间。然而调研发现，耕地地力补贴继农业"三项补贴"逐步沦为普惠制的"收入型补贴"，农户继续沿用传统生产方式，政策执行偏离"靶向"，难以发挥加强农业生态资源保护和提升耕地地力的政策效用。同时，耕地地力保护政策的初衷应该是"谁养地补给谁"，但多数地区却简单地等同于"谁承包地补给谁"，仅以二轮承包耕地面积、计税耕地面积或土地承包经营权确权登记面积为补贴依据，偏离了政策设计初衷，忽略了耕地质量的保护与提升。就支持粮食适度规模经营的补贴资金而言，部分地区对新型粮食经营主体根据耕地承包面积实行现金直补，尽管有相当的激励性，但容易造成"打酱油的钱买了醋"，不利于鼓励新型粮食经营主体改善自身生产条件及长期可持续发展。事实上，《农业支持保护补贴资金管理办法》已明确规定"可采取贷款贴息、重大技术推广与服务补助等方式支持多种形式的粮食适度规模经营，且不鼓励对新型经营主体实行现金直补"。显然，农业支持保护补贴政策设计仍有待完善。

四、农业保险保费补贴差异化不明显，补贴范围有待扩大

粮食生产面临较大的自然风险，农业保险保费补贴可有效降低粮农抗风险保障性支出，引导粮农投保参保，为粮食生产提供一定的理赔保障，从而降低自然风险损失。尽管政策考虑到区域经济发展水平并对中东西部省份实施了差异化的补贴比率，但仍未充分考虑到各省份产粮实际、经济发展水平及自有财力，政府补贴比率差异化不明显。如中西部省份、产粮大县实施相同的补贴比率，且与东部省份、产粮大县补贴比率相差不大，从而弱化了政策效应及资金使用效率。同时，由于粮食生产风险大、收益低，保险承保机构承保积极性不高，或仅针对低风险粮食品种提供保险，理赔产品单一、理赔额度偏低且理赔程序复杂，以致抑制了保费补贴效应的释放。此外，粮食生产亦面临着市场风险，一旦出现卖粮难或者其他市场冲击，由于当前农业

保险保费补贴未涉及市场类风险补贴的设计，粮农的收益无法得到必要的兜底，补贴范围有待扩大①。

五、缺乏对新型粮食经营主体及粮食加工环节的财政激励

一方面，诸如种粮大户、家庭农场、专业合作社及涉粮龙头企业等新型粮食经营主体承担着未来国家粮食安全的主体性责任，但对河南、湖北多地实地调研发现，除少数专项财政项目外（如中央农业生产发展资金家庭农场发展项目、农民合作社发展项目等），新型粮食经营主体所获得的财政激励与普通粮农并不存在显著差异，反而因生产规模大承担较大的自然风险与市场风险；另一方面，一直以来，中国所实施的补贴政策大多围绕粮食生产环节，政策设计初衷多为降低粮食生产成本、提高种粮收益，以增强粮农生产积极性，保障国家粮食数量安全，相对忽视了对粮食加工环节的补贴激励。事实上，粮食加工企业在农业一二三产业融合发展中大有可为，其枢纽性地位将有助于其成为粮食产销一体化关键主体。首先，粮食加工企业直面粮食生产，既可直接开仓收购粮食又可根据市场需求采取"订单农业""托管农业"等模式引导粮农改变粮食生产方式，改善种植结构，增加种粮收益；其次，粮食加工企业以科技为支撑，通过对粮食的精深加工，可将粮食"吃干榨尽"，实现粮食成倍增值，不仅能增加企业利润，还能促使企业提高粮食收购价，增加粮农收入；最后，粮食加工企业连接第三产业，粮食产品的精深加工通过特定的营销路径可对消费者产生"诱导性消费"。如在美国，仅大豆加工制品即多达12000多种，广泛应用于食品、化工、医疗等领域，从而拓宽潜在市场，延长产业链（龚锡强，2016）。然而现实情况是，受落后产能过剩、政府托市收购及粮食低价进口等因素的影响，国内粮食加工企业（尤其是民营企业）面临"稻强米弱""麦强面弱"等生产经营困境，利润空间有限。反观中国补贴现状，重"面"轻"点"、重生产轻加工则是当前

---

① 根据财政部关于印发《中央财政农业保险保费补贴管理办法》的通知要求，由于新修订的《中央财政农业保险保费补贴管理办法》于2022年1月1日起实施，所存在的问题尚未经实践检验，故而此处论述的问题仍为2016年制定的《中央财政农业保险保费补贴管理办法》在执行中经调研发现的问题。

系列补贴政策所呈现的整体性特征。笔者在河南邓州、济源及湖北麻城等粮食主产地的粮食加工企业调研发现，谋求政府补贴支持已成为众多民营粮食加工企业的共同诉求，而当前除黑龙江、吉林等少数产粮大省实施了粮食加工补贴外，多数省区并未对粮食加工企业实施稳定持续、系统规范的补贴激励。

六、财政重点一般服务支持政策未充分有效实施

就价格支持政策及挂钩直补政策而言，其补贴增长受 WTO "黄箱"政策"天花板"限制，已有的"黄箱"补贴已然达到补贴上限（陈锡文，2015）。与之相异，在财政一般服务支持政策中，"夯基础、亲环境、强耕地、重科技"类的"绿箱"支持政策则不受贸易协定限制，但尚未充分有效实施。具体讲：第一，调研发现农业基础设施仍然是粮农普遍反映的制约粮食生产的掣肘因素，且因基础设施初始投资大、后期管养维护支出多，加之土地流转承包年限的影响，以致出现普通粮农"无力建设"、种粮大户"不愿建设"的现象。尤其对于新型粮食经营主体而言，迫切需要政府构建符合当前现实的农业基础设施建设管护机制及实施农业基础设施建设支持政策。第二，从源头上确保粮食等主要农产品的稳定持续供给已成为社会关注的焦点，关键在于突破资源环境约束，引导粮农绿色清洁生产。然而，当前中国"亲环境"的农业补贴并不充足。除耕地地力保护补贴外，近年来农业农村部公布的系列强农惠农政策中用于农业资源生态保护和面源污染防治的项目虽逐年增多，但囿于补贴领域、区域、方式及力度等因素制约，对粮农绿色清洁生产的引导激励效果有限。第三，耕地是粮食生产的根本。近年来，我国通过大力实施高标准农田建设以巩固和提高粮食生产能力。然而调研发现，部分地区高标准农田建设存在水、电、井、渠等设施不配套的问题，从而以局部短板抑制了整体高标准农田的增产效应，降低了财政投资资金的使用效益。第四，增强粮食综合生产能力的关键在于"藏粮于技"。调研发现，多数小规模粮农仍采取传统、粗放的粮食生产经营方式。此外，因资金缺乏、贷款困难及补贴"缺位"等因素，粮食加工企业设备更新慢、新技术研发应用慢，造成产品精深加工困难，成本利润率低下，并间接影响到原粮销售。

七、主产辖区粮食安全责任与成本相脱离，"粮财倒挂"现象显著

　　粮食主产省和产粮大县是当前我国粮食生产的主产辖区和"牛鼻子"。一方面，当前多项农业补贴政策均不同程度地要求地方财政配套参与实施。对于粮食主产省份而言，其所生产粮食的盈余部分用于满足主销区粮食供给，但同时主产区亦承担着源于主销区部分粮食安全的补贴成本，粮食主销区则可避免为其自身粮食缺口支付补贴，从而出现粮食安全责任与成本相脱离的境况。从自有财政实力讲，粮食主产省份多为自有财力不高的农业大省。以 2020 年全国人均地方一般公共预算收入 7091.69 元为标准，高于该水平的全国共有 9 个省（见表 3－7），其中仅有 2 个粮食主产省。换而言之，13 个粮食主产省中共有 11 个省份人均地方财力低于全国平均水平，产生"粮财倒挂"现象。而现有的资金供给机制要求地方财政以本地粮食生产为基数拨付配套补贴，使得粮食主产省份承担更多与其地方财力不匹配的补贴负担，导致辖区内补贴水平难以有效提高。与之相反的现象则是非粮食主产区（特别是粮食主销区）个体补贴水平反而因其财力充裕且本地粮食生产基数小而显著高于粮食主产区。在上述条件下，粮食主产区财政补贴负担沉重且补贴标准不高，难以有效提升区域内农户从事粮食生产的积极性，而对于个体补贴水平较高的粮食非主产省，则不能排除出现补贴资金浪费抑或补贴边际效益不高的情况。因此，着眼于全国粮食补贴资金的供给格局，补贴资金供给机制显然存在改善的空间。

表 3－7　　　　　　　　2020 年全国各省份地方一般公共预算收入情况

地区	地方一般公共预算收入（亿元）	年末总人口数（亿人）	人均地方一般公共预算收入（元/人）	备注
北京	5483.89	0.2189	25052.03	粮食主销区
天津	1923.11	0.1387	13865.25	粮食主销区
河北	3826.46	0.7464	5126.55	粮食主产区
山西	2296.57	0.3490	6580.43	产销平衡区
内蒙古	2051.2	0.2403	8536.00	粮食主产区

续表

地区	地方一般公共预算收入（亿元）	年末总人口数（亿人）	人均地方一般公共预算收入（元/人）	备注
辽宁	2655.75	0.4255	6241.48	粮食主产区
吉林	1085.02	0.2399	4522.80	粮食主产区
黑龙江	1152.51	0.3171	3634.53	粮食主产区
上海	7046.3	0.2488	28321.14	粮食主销区
江苏	9058.99	0.8477	10686.55	粮食主产区
浙江	7248.24	0.6468	11206.31	粮食主销区
安徽	3216.01	0.6105	5267.83	粮食主产区
福建	3079.04	0.4161	7399.76	粮食主销区
江西	2507.54	0.4519	5548.88	粮食主产区
山东	6559.93	1.0165	6453.45	粮食主产区
河南	4168.84	0.9941	4193.58	粮食主产区
湖北	2511.54	0.5745	4371.70	粮食主产区
湖南	3008.66	0.6645	4527.71	粮食主产区
广东	12923.85	1.2624	10237.52	粮食主销区
广西	1716.94	0.5019	3420.88	产销平衡区
海南	816.06	0.1012	8063.83	粮食主销区
重庆	2094.85	0.3209	6528.05	产销平衡区
四川	4260.89	0.8371	5090.06	粮食主产区
贵州	1786.8	0.3858	4631.42	产销平衡区
云南	2116.69	0.4722	4482.61	产销平衡区
西藏	220.99	0.0366	6037.98	产销平衡区
陕西	2257.31	0.3955	5707.48	产销平衡区
甘肃	874.55	0.2501	3496.80	产销平衡区
青海	297.99	0.0593	5025.13	产销平衡区
宁夏	419.44	0.0721	5817.48	产销平衡区
新疆	1477.22	0.2590	5703.55	产销平衡区
全国	100143.16	14.1212	7091.69	—

资料来源：根据《中国统计年鉴》（2021）整理计算所得。

另一方面，这一情况同样适用于我国产粮大县。从某种角度讲，产粮大县是中观县域层面的粮食主产区。当前我国产粮大县粮食产量占全国比重接近3/4，其已成为保障国家粮食生产安全的核心行政区域。然而，受粮食安全目标责任下压、比较优势等因素的影响，产粮大县因事实上承担粮食调入区部分粮食安全责任而丧失相应的辖区发展权益，众多产粮大县陷入"粮财倒挂""高产穷县"的发展窘境（赵和楠、侯石安，2021）。以粮食生产大省河南省为例，2005～2019年在河南省73个连续15年获得产粮大县奖励资金的县（市、区）中，人均一般公共预算收入连续高于河南省平均水平的仅有15个。长此以往，作为中观县域层面保障我国粮食供应的"牛鼻子"，产粮大县重农抓粮的积极性势必受到影响，继而影响我国粮食的稳定持续供给。

第四章

财政保障国家粮食安全政策
效果的实证分析

现行保障国家粮食安全的财政政策在政策设计、政策执行、保障力度等方面均存在一定的问题。然而这些问题是否会阻碍政策效应的释放，抑或不同类型财政支粮政策的政策效果如何则是需要检验的。基于不同类型财政政策之于国家粮食安全的传导机理，结合当前中国的财政支粮实际，综合考虑数据可获性、政策持续性等因素，本章以价格支持政策中的粮食最低收购价政策、挂钩直接补贴政策中的农机具购置补贴政策及财政一般服务支持政策中的产粮大县奖励政策为例，运用多种实证分析方法合理评估典型代表性财政支粮政策的实施效果，为未来完善中国粮食安全的财政保障政策提供参考。

第一节　粮食最低收购价政策的托市效应研究[*]

——基于双重差分法的实证检验

一、引言

"蛛网理论"和"丰收悖论"使得各国在保障国家粮食安全实践中尤其

　＊ 本节成果主要内容曾发表于《价格月刊》2020 年第 6 期，成果原名为《小麦最低收购价政策的托市效应研究——基于双重差分法的实证检验》。

关注粮食市场价格的波动及农户种粮收益的维护，而作为政府与粮农利益博弈的政策回应，给予重点粮食品种价格支持则成为先行国家共有的政治经济现象。就我国而言，为保护种粮农民利益并促进粮食生产，我国于 2004 年起针对小麦、水稻两大口粮实施最低收购价政策，并根据小麦市场出售价格变动情况于 2006 年在河南、河北等 6 个省启动小麦最低收购价政策，在执行期内由中储粮及其委托单位托市收购，以稳定市场粮价、保护粮农利益。如表 3 - 3 和表 4 - 1 所示，2006 ~ 2020 年小麦最低收购价格整体上呈先上升（2006 ~ 2014 年）、后平稳（2015 ~ 2017 年）、再下降（2018 ~ 2020 年）的态势。同时，在小麦最低收购价政策 6 个执行省中，2006 ~ 2014 年各省份小麦市场出售价格均呈整体上涨的态势，2014 ~ 2020 年则出现总体上的波动下降。显然，2006 ~ 2020 年小麦最低收购价格与 6 个省份小麦市场出售价格整体上存在相似的变动趋势。由此，便产生如下基本问题：其一，小麦最低收购价政策在 6 个执行省区是否产生托市效应，小麦最低收购价格与执行省区市场出售价格存在何种相关关系；其二，倘若存在托市效应，其动态稳定性如何。对上述两项问题的检验与分析，有助于优化粮食最低收购价政策，促进我国粮食价格支持政策的转型并保障国家粮食安全。

表 4 - 1　　　　2006 ~ 2020 年 6 个省份小麦市场出售价格变动趋势　　单位：元/50 公斤

年份	河南省	河北省	山东省	江苏省	安徽省	湖北省
2006	72.14	74.33	72.66	69.29	70.40	66.72
2007	74.80	78.88	80.31	71.93	71.27	67.74
2008	81.67	83.47	83.88	77.26	76.36	75.93
2009	93.28	99.04	95.55	87.06	86.57	77.05
2010	96.74	103.28	102.32	95.72	93.71	90.48
2011	101.07	105.12	106.10	98.19	97.86	97.99
2012	99.23	113.79	117.05	101.48	104.43	94.84
2013	110.44	124.71	123.58	111.52	112.93	105.06
2014	115.82	124.35	123.74	116.43	114.84	111.56
2015	114.82	118.46	117.06	112.66	110.18	106.02
2016	105.72	120.26	121.36	94.35	103.62	100.06

年份	河南省	河北省	山东省	江苏省	安徽省	湖北省
2017	110.01	121.97	121.97	113.93	112.24	105.78
2018	103.96	118.98	119.29	108.72	103.28	75.95
2019	109.22	114.39	114.30	107.10	109.49	105.06
2020	109.43	115.62	116.80	107.83	112.87	104.65

注：表中小麦市场出售价格系平均出售价格。

资料来源：根据《全国农产品成本收益资料汇编》（2007～2021）整理计算所得。

二、文献综述

发达国家自20世纪30年代起陆续实施形式多样的粮食价格支持政策，并引得国外学界对粮食价格支持政策效果的关注。其焦点集中于政策对粮食增产（Niamatullah，2010）、粮农增收（Jayne，2008）、库存积累风险（Christophe，2016）及作物多样化（Aditya，2017）等的影响。在托市效应上，学者们较为一致地认为粮食价格支持政策有助于提升市场粮价、稳定市场价格（Kang，2011；Gopakumar，2014）。而纳入时间因素后，有学者发现价格支持政策短期存在托市效应，长期则逐渐减弱甚至消失（Kim，2002）。在研究方法上，国外学者更偏好于实证分析方法的运用。相较而言，国内学界在经历过21世纪初期的规范性探索后，近年来学者们较多运用实证分析方法检验粮食最低收购价政策的政策效果，如政策对粮食种植面积与结构（李雪等，2019）、农户供给或储售粮行为（张爽，2013；张改清，2014）、农户增收（贾娟琪等，2018）、农户福利效应（李邦熹、王雅鹏，2016）、土地流转（宋亮等，2019）、国内外粮价溢出（贾娟琪等，2016）及全要素生产率提升（贾娟琪等，2019）等的影响。在托市效应上，尽管有学者（王士海、李先德，2012）运用双重差分模型和面板数据模型对不同粮食产品价格支持政策的托市效应进行了比较研究，但未对双重差分模型的适用性进行检验。

综上所述，学界多以实证分析方法对粮食价格支持政策效果展开诸多有益的探究。然而就我国小麦最低收购价政策而言，国内学界对其托市效应的研究却相对不足。事实上，提升并稳定小麦市场出售价格是决策层实施该项政策的直接目标，而托市效应的存在则是其他主要政策效应充分释放的基本前提。基于此，本节的边际贡献在于在对双重差分法适用性予以检验基础上，以小麦为例，评估粮食最低收购价政策的托市效应及其动态稳定性，继而为我国粮食最低收购价政策的长期优化提供经验证据。

三、粮食最低收购价政策托市效应的作用机理

以小麦粮食最低收购价政策为例，该政策是国家针对小麦这一重要口粮所实施的价格支持政策。目前该政策的执行区域为河南、河北、山东、江苏、安徽、湖北6个省份，执行时间为当年6~9月。在规定的执行区域和时间内，当小麦市场出售价格持续低于国家公布的最低收购价时，通过特定主体托市收购以提升粮食市价，保障粮食生产者的种粮收益和生产积极性，进而在生产层面保障国家粮食安全。

具体讲，如图4-1所示，S、D曲线分别表示自由市场经济条件下小麦的供给曲线和需求曲线，P和Q则分别为该市场条件下小麦的均衡价格和均衡产量。P_{min}为国家发改委等有关部门综合考虑小麦生产成本、市场供求、国内外市场价格和产业发展等因素后确定的小麦最低收购价格，Q_1和Q_2分别为P_{min}条件下相应的小麦供给量和需求量。当小麦自由市场均衡价格（小麦市场出售价格）P高于最低收购价格P_{min}时，小麦最低收购价政策不予启动；当小麦自由市场均衡价格P低于最低收购价格P_{min}时，政府在政策执行区域启动小麦最低收购价政策，由中储粮及其委托单位挂牌收购粮农交售的

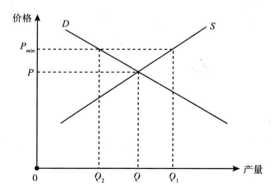

图4-1 粮食（小麦）最低收购价政策作用机理

小麦，从而相对减少市场上的小麦流通量，拉动市场粮价回升，抑制粮价大幅波动，提高粮农生产积极性。此后，当政策执行区小麦市场出售价格回升至最低收购价格水平之上时，则及时停止最低收购价政策，以充分发挥市场机制作用，支持各类企业积极开展市场化收购。显然，在理论层面小麦最低收购价政策有益于提升政策执行区小麦市场出售价格，即产生托市效应。

四、粮食最低收购价政策托市效应的实证检验

（一）研究方法与变量说明

1. 研究方法与模型介绍

双重差分法（difference in difference，DID）是一项可用于评估政策效果的研究方法。DID 模型的基本思路是将样本分为政策作用组（干预组）和非政策作用组（对照组），通过比较同一时间段内干预组与对照组的差异并研究该差异是否随着时间的推移即政策的实施发生显著的变化，进而探究政策的实施是否产生了效果。DID 模型通过将"前后差异"和"有无差异"有效结合，在一定程度上控制了某些除干预因素以外其他因素的影响。同时，在模型中加入其他控制变量，又进一步控制了干预组和对照组中存在的某些"噪声"影响因素，得到对政策干预效果的真实评估。一般而言，DID 政策评估的模型为：

$$Y_{it} = \alpha_0 + \alpha_1 w_{it} + \alpha_2 t_{it} + \alpha_3 w_{it} \times t_{it} + \mu_i + \varepsilon_{it} \qquad (4-1)$$

对商品价格的分析，传统经济理论均认为商品价格具有一定的惯性，当期价格会受到上一期市场价格的影响，因此本节 DID 政策评估基准模型设定为：

$$Y_{it} = \alpha_0 + \alpha_1 w_{it} + \alpha_2 t_{it} + \alpha_3 w_{it} \times t_{it} + \alpha_4 Y_{it-1} + \mu_i + \varepsilon_{it} \qquad (4-2)$$

根据式（4-2）推导得到，对照组在政策实施前后的差异为 $dif_1 = \alpha_2$，干预组在政策实施前后的差异为 $dif_2 = \alpha_2 + \alpha_3$。要考察小麦最低收购价格是否对市场出售价格产生了影响，只需要研究 $dif_1 - dif_2 = 0$ 是否成立，即 α_3 表示小麦最低收购价格政策对小麦市场出售价格的影响。同时，为更加准确地

检验小麦最低收购价政策对小麦市场价格的影响，本书基于均衡价格理论，将影响小麦市场价格的供求因素具体化，作为控制变量纳入模型当中，从而构造更加科学准确的模型：

$$Y_{it} = \alpha_0 + \alpha_1 w_{it} + \alpha_2 t_{it} + \alpha_3 w_{it} \times t_{it} + \alpha_4 Y_{it-1} + \beta X_{it} + \mu_i + \varepsilon_{it} \quad (4-3)$$

在式（4-3）中，w_{it} 代表地区虚拟变量。如果在 2006 年及以后开始实施小麦最低收购价格政策值为 1，即为干预组；否则为 0，是对照组。t_{it} 表示时间虚拟变量，小麦最低收购价格政策实施前（2006 年之前）为 0，实施后为 1。$w_{it} \times t_{it}$ 为交叉项，也称作政策虚拟变量。根据上述的推导发现，该变量的系数 α_3 是 DID 模型评估政策效果的核心。Y_{it} 表示政策实施的 i 地区，t 时刻的小麦市场价格。同理，Y_{it-1} 表示小麦滞后一期的价格，X_{it} 表示影响小麦市场出售价格的其他影响因素。根据均衡价格理论及学界研究经验，确定小麦播种面积、受灾面积、小麦生产成本、人口数量、小麦国际市场价格为 DID 模型中的具体控制变量。由此，便得到如下模型：

$$\ln price_{it} = \alpha_0 + \alpha_1 w_{it} + \alpha_2 t_{it} + \alpha_3 w_{it} \times t_{it} + \alpha_4 \ln pre\text{-}price_{it-1} + \beta_1 \ln area_{it}$$
$$+ \beta_2 \ln dam\text{-}area_{it} + \beta_3 \ln cost_{it} + \beta_4 \ln people_{it} + \beta_5 \ln inter\text{-}price_{it}$$
$$+ \mu_i + \varepsilon_{it} \qquad (4-4)$$

2. 变量说明

式（4-4）中，被解释变量 $price$ 表示小麦最低收购价政策实施省份小麦的市场出售价格，采用小麦市场平均出售价格表示，$pre\text{-}price_{t-1}$ 表示滞后一期的小麦市场平均出售价格，控制变量 $area$、$dam\text{-}area$ 分别表示小麦播种面积、受灾面积，$cost$ 表示各省份小麦生产过程中的生产成本，$people$ 表示各省份人口总量，$inter\text{-}price$ 表示小麦国际市场价格。

综合考虑政策是否实施、实施的连续性及数据的可获性，本书使用 2003～2020 年政策实施区河南、河北、山东、江苏、安徽、湖北 6 个省份及政策非实施区内蒙古、黑龙江、四川、云南、山西、陕西、宁夏、甘肃 8 个省份有关数据。其中，小麦市场出售价格（$price$）、生产成本（$cost$）由《全国农产品成本收益资料汇编》（2004～2021）整理所得；小麦播种面积（$area$）、各省份人口总量（$people$）由《中国统计年鉴》（2004～2021）整理所得；受灾面积（$dam\text{-}area$）由《中国农村统计年鉴》（2004～2021）整理所得；小麦国际市场价格（*inter-price*）由《中国农业发展报告》（2017）及网站数据整理所得。为了增加面板数据的平稳性，本书对控制变量进行了对数化处理。同时，为消除通货膨胀因素的影响，本书运用粮食商品零售价格指数及农业生产资料价格指数对上述价格、成本指标进行了价格平减。

（二）实证过程及结果分析

双重差分方法的前提假设认为，尽管干预组与对照组存在差异，但仍需在政策实施前其发展趋势保持一致。换而言之，政策实施前干预组和对照组小麦市场价格的走势是否具有相同的趋势是能否使用 DID 模型的基本前提。本书借鉴已有文献检验双重差分法适用性的方法，采用 t 检验统计方法（陈金勇、汤湘希、杨俊，2017），通过分析 2006 年政策实施前后非政策实施区与政策实施区的小麦市场出售价格的变化趋势，采用定量分析的方法考察小麦最低收购价政策实施前后二者的小麦市场出售价格的差异，结果如表 4－2 所示。

表 4－2 　　　　　　　　政策实施前后小麦市场价格差异性检验

项目	政策实施前	政策实施后
非政策实施区	69.540	106.874
政策实施区	65.350	98.784
T 检验	－4.190	－8.817 ***
	－0.74	3.49

注：*** 表示在1%的统计水平上显著。

根据表 4－2 的检验结果，政策实施前非政策实施区与政策实施区的价格差异为 4.190，非政策实施区的小麦市场出售价格高于政策实施区，但 t 检验结果在10%的水平下未通过检验，即非政策实施区与政策实施区的小麦市场出售价格在 2006 年之前趋势基本保持一致，符合 DID 模型的基本应用前提假设。同样，2006 年以后政策实施区与非政策实施区的小麦市场出售价格存在显著差异，t 值为 3.49，且在1%的显著水平下通过了检验，但是仅从检验结果无法说明是小麦最低收购价政策直接导致了 2006 年之后的非政策实施区与政策实施区小麦市场价格的差异。为了进一步探究差异的原因，本节采用双重差分 DID 模型进行进一步检验，见表 4 – 3。

表 4 – 3   双重差分 DID 模型回归结果

变量	模型 1	模型 2	模型 3	模型 4	模型 5	模型 6
w	– 0. 0507 **		– 0. 0554 **		– 0. 1088 ***	– 0. 1152 ***
	(– 2. 20)		(– 2. 00)		(2. 88)	(– 3. 30)
t	– 0. 0595 ***	– 0. 0890 ***	– 0. 0741 ***	– 0. 0718 ***	– 0. 0736 ***	– 0. 0820 ***
	(– 3. 63)	(– 4. 96)	(– 4. 12)	(– 2. 72)	(– 3. 00)	(– 3. 60)
$w \times t$	0. 0609 **	0. 0378 *	0. 0636 **	0. 1250 ***	0. 0999 ***	
	(2. 23)	(1. 74)	(2. 38)	(2. 94)	(2. 68)	
$w \times t_{2006 \sim 2014}$						0. 1083 ***
						(3. 12)
$w \times t_{2015 \sim 2017}$						0. 1207 ***
						(3. 23)
$w \times t_{2018 \sim 2020}$						0. 1323 ***
						(2. 86)
lnpre-price	0. 8245 ***	0. 4101 ***	0. 6892 ***	0. 4629 ***	0. 4061 **	0. 3254 ***
	(20. 66)	(7. 03)	(15. 41)	(7. 00)	(6. 39)	(5. 32)
lnarea		0. 0237	0. 0038	0. 0159	0. 0175 ***	0. 0219 ***
		(1. 10)	(0. 46)	(0. 52)	(2. 04)	(2. 73)
lndam-area		0. 0095	0. 0073	0. 0156	0. 0170 ***	0. 0143 **
		(1. 12)	(1. 16)	(1. 65)	(2. 38)	(2. 15)
lncost		0. 0581 **	0. 0495 ***	0. 0505	0. 0773 ***	0. 0811 ***
		(1. 99)	(3. 15)	(1. 38)	(4. 10)	(4. 65)
lnpeople		– 0. 0657	– 0. 0277 **	– 0. 0633	– 0. 0595 ***	– 0. 0658 ***
		(0. 40)	(– 2. 48)	(– 1. 34)	(– 4. 96)	(– 5. 90)
lninter-price		0. 1828 ***	0. 1493 ***	0. 1609 ***	0. 1864 ***	0. 1878 ***
		(7. 42)	(6. 59)	(6. 01)	(8. 07)	(7. 88)
_cons	0. 7467 ***	1. 5892	0. 5148 ***	1. 5174 ***	1. 4548 ***	1. 8054 ***
	(4. 63)	(1. 30)	(2. 60)	(3. 60)	(5. 85)	(7. 19)

变量	模型 1	模型 2	模型 3	模型 4	模型 5	模型 6
N	238	238	238	224	224	224
r 值	0.7238	0.7377	0.7964	0.7929	0.8045	0.8225
$F/Wald\ chi2$	165.45 ***	40.79 ***	892.00 ***	281.23 ***	273.04 ***	301.02 ***

注：（1）括号内的数值为 t 值；（2）***、** 和 * 分别表示在 1%、5% 和 10% 的统计水平上显著；（3）本表报告了被解释变量预测值和实际值的相关系数，在表中用"r"表示；混合 OLS 和随机效应模型本身应报告 R^2，但为了便于不同模型估计结果的比较，本表统一报告 r 值。

表 4 - 3 报告了小麦最低收购价政策效果的双重差分 DID 模型回归结果。模型 1 初步报告了基准模型的小麦最低收购价对小麦市场出售价格的影响；模型 2 和模型 3 报告了加入控制变量的面板固定效应与随机效应模型的回归结果；模型 4 与模型 5 报告了加入控制变量的差分动态面板回归与系统动态面板模型的回归结果。从模型 1 的报告结果看，时间与地区的交叉项 $w \times t$ 在不加入控制变量情况下在 1% 的统计水平下显著为正；为了检验模型的稳健性，模型 2 和模型 3 报告了普通面板固定效应和随机效应的回归结果，结果显示小麦最低收购价政策对政策实施区小麦市场出售价格同样在 10% 和 5% 统计水平下产生了显著的正向影响；就模型 4 和模型 5 而言，差分 GMM 与系统 GMM 均适用于短动态面板的参数估计，但与差分 GMM 相比较，系统 GMM 的优点可以提高参数估计的效率，并且可以将不随时间变化的区域虚拟变量 w 的系数估计出来，因此本书模型 5 相比较模型 4 而言，结果更加准确。从模型 5 的回归结果来看，在控制了播种面积、受灾面积、生产成本、人口数量及国际小麦市场价格等因素的情况下，时间与地区交叉项的政策虚拟变量 $w \times t$ 的回归系数为 0.0999，在 1% 的水平下显著。总体而言，模型 1 ～模型 5 的回归结果均表明我国小麦最低收购价政策对政策实施区小麦市场出售价格产生显著的正向影响，也即小麦最低收购价政策托市效应显著，这与王士海、李先德（2012）的研究结论相一致。此外，回归结果表明小麦上一期市场出售价格与国际小麦市场价格均对小麦市场出售价格产生显著正向影响，而小麦播种面积、受灾面积、生产成本、人口数量在此期间对小麦市场出售价格影响则并不稳定。

为进一步分析 2006 ～2020 年小麦最低收购价政策托市效应随时间变化的动态稳定性，将式（4 - 3）的时间虚拟变量 t_{it} 进行分解，根据 2006 ～2020

年小麦最低收购价三阶段变动的实际（先上升—后平稳—再下降），将时间虚拟变量 t_{it} 划分为 2006～2014 年、2015～2017 年、2018～2020 年三个时间区间，继而得到表 4 – 3 中模型 6 所示回归结果。显然，在小麦最低收购价政策不同实施时间区间内，政策虚拟变量 $w \times t$ 的回归系数分别为 0.1083、0.1207、0.1323，且均在 1% 的统计水平上显著，也即在 2006～2020 年的三阶段时间区间内，尽管小麦最低收购价国家根据粮食供给侧结构性改革需要进行了动态调整，但小麦最低收购价政策对政策实施区小麦市场出售价格均产生正向显著影响，该项政策的托市效应具备良好的动态稳定性。

综上所述，基于 2003～2020 年小麦最低收购价政策实施区和非实施区 14 省（自治区、直辖市）的面板数据运用双重差分法实证检验后发现，小麦最低收购价政策对于政策实施区小麦市场出售价格存在显著的托市效应。同时，动态趋势检验发现在 2006～2014 年、2015～2017 年、2018～2020 年三个时间区间内，小麦最低收购价政策对政策实施区小麦市场出售价格均产生正向显著影响，该项政策的托市效应具备良好的动态稳定性。

小麦最低收购价政策的托市效应已然得到验证，其核心利好在于保障农户种粮收益、引导农户从事粮食生产。然而不容忽视的是，由政策托市效应所引致的问题长期积累并逐步显现，表现在：一是增加小麦加工企业经营成本，助推小麦进口量增长；二是积累小麦收储企业库存压力，加大政府财政支出负担；三是扭曲小麦市场出售价格形成机制，强化粮农政策依赖。因此，在粮食市场体制机制尚不健全的情况下，若小麦最低收购价政策突然取消或改革速度过快，势必引起粮食市场震荡，出现小麦市场出售价格陡降、粮农收益下滑乃至亏损的情况，危及国家粮食安全。

第二节　农机购置补贴政策对粮食生产的影响
——来自中国省级面板数据的证据

一、引言及述评

伴随我国城镇化、工业化进程的推进，受比较利益等因素影响，农业劳动力外出务工人数逐年增多并维持高位。根据国家统计局公布的数据，2008～2020 年我国农民工总量由 2.25 亿整体增至 2.86 亿，在性别和年龄结构上则以男性青壮年劳动力为主要构成，农村"老人农业""妇女农业"现象逐渐显现，种粮劳动力出现总体性、结构性短缺，以致出现耕地弃耕、抛荒或低效、粗放耕种等现象。同样，即便是实施适度规模经营的新型粮食经营主体，虽然其在一定程度上解决了"谁来种粮"的问题，但如何提升规模经营效率、降低生产成本尤其是劳动力成本亦为影响该群体长期种粮意愿的重要因素。事实上，作为农业"八字宪法"的重要构成，农业机械是促进粮食生产、助推农业现代化实现的关键要素[①]，农业机械化水平的提升则是破解上述问题的关键路径。为提高农业机械化水平和农业生产效率，我国于 2004 年起面向农民个人、农场职工、农机专业户和直接从事农业生产的农机作业服务组织购置和更新农业生产所需特定目录中的农用机具给予财政补贴[②]。补贴资金根据重要粮油作物生产关键环节所需机具及地方优势主导产业发展需要，由中央及各地方财政安排专项资金，补贴资金规模则综合考虑各省（自治区、直辖市）耕地面积、农作物播种面积、主要农产品产量、购机需求意向、绩效管理考核及中央财政预算资金安排综合确定。在具体的补贴操作方式上，实行自主购机、定额补贴、县级结算、直补到卡（户），具体操作办法由各省制定。数据显示，2004～2015 年我国中央财政农机购置补贴资金总额由 7000 万元持续增长至 237.55 亿元，2016～2020 年则由 237.37 亿元下降至 169.43 亿元，且 2004～2020 年中央财政累计投入约 2407.43 亿元用于农机购置补贴[③]。在当前经济新常态中，财政收入增速持续放缓和持续保障国家粮食安全的大背景下，有必要思考如下问题：农机购置补贴影响粮食生产作用机理为何？能否有效促进粮食生产？其增产效应存在何种动态变化趋势和产区分异？对上述问题的回答则可从多维视角评估农机购置补贴政策之于粮食生产的政策效应，继而优化补贴政策设计，助力我国粮食生产实

---

① 农业"八字宪法"于 20 世纪 50 年代提出，包括土、肥、水、种、密、保、管、工，是现代农业科学理论与传统农业实践经验相结合的产物，指明了中国农业生产力的着力点，为中国农业科技的母法。其中，"工"即工具改革，农业机械即属于该范畴。

② 农机购置补贴资金构成中以中央财政资金为主体，地方财政资金主要用于地方特色农业发展所需和小区域适用性强的机具补贴等。

③ 根据《农业机械化统计资料汇编（2005～2013）》、农机 360 网站整理计算所得。

现高基点上的新突破。

就学界而言，经济学家往往将生产力划分为两部分，一部分是"土地、劳动和资本"；另一部分则是"技术变化"（舒尔茨，2018）。具体到机械技术，运用适当的机械则能在很大程度上便利和简化劳动（斯密，2016），这便为通过以农业机械的广泛应用突破传统生产要素"瓶颈"、提高生产效率继而保障粮食生产安全提供了理由，而出于对农业基础性、战略性及农业生产弱质性的考量，政府对农业机械给予补贴抑或扶持农业机械化发展便成为众多国家的普遍共识（高玉强，2010）。围绕农机购置补贴政策，部分学者（官华平、周志华，2011；路玉彬、孔祥智，2018）将关注的焦点集中于农机购置补贴政策的出台背景、理论基础、演进历程、实施过程中存在的问题及对策建议，所采用的研究方法亦多为规范性分析方法。伴随补贴政策的逐年实施，另有学者运用实证分析方法具体检验了农机购置补贴政策对农户购机行为（曹光乔等，2010）、土地生产率（高玉强，2010）、粮食生产行为（洪自同、郑金贵，2012）、农村劳动力转移（吕炜、张晓颖、王伟同，2015）、农业机械化（周振、崔嵩，2015）、农民收入（周振等，2016）等的影响，成果更多地侧重于对政策效果的检验。然而具体到农机购置补贴政策之于粮食生产的影响，学界却鲜有涉及。因此，本节的边际贡献在于：一方面，在理论上深入分析农机购置补贴作用于粮食生产的传导路径，并提出相应的研究假说；另一方面，在实证上检验农机购置补贴政策影响粮食生产的总体效应、动态效应及产区分异，从多维视角对该政策的粮食增产效应予以评估。

二、理论分析与研究假说

就总体效应而言，农机购置补贴政策可通过如下路径作用于粮食生产：一方面，补贴对农户购置农机进而提升粮食作物耕种收综合农业机械化水平存在激励效应。如图 4-2 所示，纵、横轴分别代表粮食生产过程中农业机械及其他生产要素投入量，AB 为上述两类生产要素组合下的等成本曲线，曲线 Q_1 为与等成本线相切的等产量曲线，E_1 为最优配置点，相应的农机投入量为 Y_1。农机购置补贴政策实施后，在其他条件不变的情况下，农用机械相对价格降低，购机成本下降，继而激励理性农户购置农业机械，农户从事粮食生产的等成本曲线由 AB 变为 AC，与新的等产量曲线 Q_2 相切于 E_2 点，对应的农机投入量 Y_2，且 Y_2 大于 Y_1，农机购置补贴激励农户购置农机设备，带动粮食耕种收综合机械化水平提升；另一方面，农业机械的使用可提升粮食生产效率、改进生产技术、实现劳动部分"替代"。具体讲：一是农业机械可有效助力短暂农时的抢收抢种、恶劣条件情况下的抗旱排涝、病虫害防治及农田水利建设，并有效促进粮食作物规模化生产，提高生产效率；二是农业机械可成为诸如作物深耕、化肥深施、作物植保、秸秆还田、旱作农业等农业技术的良好载体，促进粮食稳产增产；三是农业机械可对农业劳动力实现部分"替代"，面对农业劳动力外流和劳动力生产成本高企的现实，农业机械可有效降低粮食生产成本，拓展粮农受益空间，促进粮食生产。由此，便解释了图 4-2 中由于实施农机购置补贴政策激励农用机械投入量增加并引致粮食产量由 Q_1 增长至 Q_2 的现象。因此，可得到如下研究假说：

假说 1：从总体效应讲，农机购置补贴政策对粮食生产产生显著促进作用。

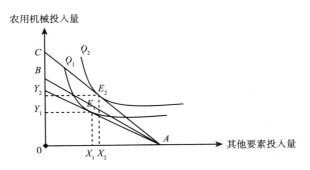

图 4-2　农机购置补贴作用机理

就动态效应而言，自 2004 年农机购置补贴政策实施以来，中央财政农机购置补贴资金规模初期较小。例如，2004～2006 年中央财政农机购置补贴资金规模分别为 0.7 亿元、3.08 亿元、6.48 亿元，自 2007 年起中央财政农机购置补贴资金规模迅速上升并持续保持高位运行（2016～2020 年整体略有下降）。同时，21 世纪初以来，工业化、城镇化进程中面对粮食比较利益低、农业劳动力外出务工等现象，我国在政策层面逐步支持土地承包经营权有序流转[①]，相应的土地流转规模亦由 2007 年的 6400 万亩迅速增至 2020 年的 5.32 亿亩[②]，为种粮大户、家庭农场、农业专业合作社等新型粮食经营主体开展机械化、规模化经营创造了条件。综合考虑农机购置补贴资金规模变化趋势、土地流转规模变化趋势及农机购置补贴政策自身固有的政策时滞，可得到如下研究假说：

假说 2：从动态效应讲，农机购置补贴政策对粮食生产的促进作用短期可能并不稳定，长期则会逐步释放。

就产区分异而言，21 世纪初我国根据各省粮食生产与消费总体特征，将全国 31 个省（自治区、直辖市）划分为粮食主产区、主销区和产销平衡区三大功能区[③]。农机购置补贴政策之于三大产区的粮食增产效应与假说 1 机制论述相一致，但各产区粮食增产效应大小则存在差异。具体讲，粮食主产区具备发展粮食生产的历史传统及良好的资源禀赋条件。数据显示，2001 ~ 2020 年主产区粮食产量占全国比重在 70.83% ~ 78.89% 区间波动[④]。主产区既要保障辖区粮食产品的有效供给，又需承担粮食调入区部分粮食安全责任，其对国家粮食安全的贡献度远超粮食主销区和平衡区，已成为中国保障国家粮食安全的核心行政区域。与此同时，2005 ~ 2020 年我国粮食主产区中央财政农机购置补贴资金规模占比已维持在 64.60% ~ 81.89% 区间[⑤]，13 个粮食主产区所得到的中央财政农机购置补贴资金规模处于绝对优势。此外，从地势地形角度讲，我国粮食主产区平原面积广阔，具备耕地集中连片经营优势，更有助于农业机械的应用推广。因此，可得到如下研究假说：

---

① 2007 年《中华人民共和国物权法》正式确立了农村土地承包经营权为用益物权，并规定"土地承包经营权人有权将土地承包经营权采取转包、互换、转让等方式流转"，2008 年《中共中央关于推进农村改革发展若干重大问题的决定》提出"允许农民以多种形式流转土地承包经营权，发展多种形式的适度规模经营"，此后多年中央"一号文件"对此相关内容进一步强调，坚持依法自愿有偿原则，引导农村土地承包经营权有序流转，鼓励和支持承包土地向新型粮食经营主体流转，发展多种形式的适度规模经营。

② 根据土流网、智研咨询发布数据整理所得。

③ 粮食主产区包括黑龙江、吉林、辽宁、内蒙古、河北、河南、山东、江苏、安徽、江西、湖北、湖南和四川等 13 个省份，主销区包括北京、天津、上海、浙江、福建、广东和海南等 7 个省份，产销平衡区包括山西、宁夏、青海、甘肃、西藏、云南、贵州、重庆、广西、陕西和新疆等 11 个省份。

④ 根据《中国统计年鉴》（2002 ~ 2021）整理计算所得。

⑤ 根据《农业机械化统计资料汇编（2005 ~ 2013）》、农机 360 网站整理计算所得。

假说 3：从产区分异讲，农机购置补贴政策在主产区、主销区及平衡区均存在粮食增产效应，且主产区的粮食增产效应最大。

三、研究设计

（一）模型构建

基于经典 C - D 生产函数模型，结合已有文献成果及现实观察，本书构建农机购置补贴政策对粮食生产影响的面板数据模型，以测度农机购置补贴政策影响粮食生产的总体效应、动态效应及产区分异，基本模型如下：

$$Y_{it} = \beta_0 + \beta_1 Subsidy_{it} + \sum \beta_i X_{it} + \mu_{it} + \varepsilon_{it} \qquad (4-5)$$

为进一步考察、比较农机购置补贴政策影响粮食生产的产区分异，借鉴连玉君、廖俊平（2017）的研究成果，构建如下面板数据模型：

$$Y_{it} = \beta_0 + \beta_1 Subsidy_{it} + \beta_2 D_1 \times Subsidy_{it} + \beta_3 D_2 \times Subsidy_{it} + \sum \beta_i X_{it}$$
$$+ \mu_{it} + \varepsilon_{it} \qquad (4-6)$$

具体讲，本书将全国 31 个样本省份（不含港澳台地区）划分为粮食主产区、主销区及平衡区，为比较不同粮食产区农机购置补贴政府粮食增产效应，引入 D_1、D_2 两个虚拟变量，并做如下设定：

$$D_1 = \begin{cases} 0, \text{主产区} \\ 1, \text{平衡区} \\ 0, \text{主销区} \end{cases} \qquad D_2 = \begin{cases} 0, \text{主产区} \\ 0, \text{平衡区} \\ 1, \text{主销区} \end{cases}$$

在式（4-6）中，β_1 表示粮食主产区农机购置补贴政策对粮食生产的影响，$\beta_1 + \beta_2$ 表示粮食产销平衡区农机购置补贴政策对粮食生产的影响，$\beta_1 + \beta_3$ 表示粮食主销区农机购置补贴政策对粮食生产的影响。此外，式（4-5）和式（4-6）中，Y 为被解释变量，$Subsidy$ 为模型中核心解释变量，X 为控制变量，β 为待估计系数，μ 表示不可观测的省份固定效应，ε 为随机扰动项，i 表示地区，t 表示年份。在检验过程中，为增加面板数据的平稳性，防止回归方程出现偏误，式（4-5）和式（4-6）中所有变量均做对数处理。

（二）变量选取

（1）被解释变量。本书被解释变量 Y 为粮食总产量，包括谷物、豆类及薯类。

（2）核心解释变量。式（4－5）、式（4－6）中核心解释变量 $Subsidy$ 为农机购置补贴政策，本书用中央财政农机购置补贴资金规模表示农机购置补贴政策。

（3）控制变量。借鉴学界多数学者的研究经验并结合粮食生产实际，确定式（4－5）、式（4－6）的控制变量包括粮食播种面积（X_1）、耕地灌溉面积（X_2）、化肥施用量（X_3）、农作物受灾面积（X_4）及第一产业劳动力（X_5）。根据粮食生产实际及学界研究进展，预期除农作物受灾面积外，各控制变量对粮食生产均产生显著正向影响。

（三）数据说明

结合农机具购置补贴政策实施时间及数据可获性，本书将研究样本限定为 2005～2020 年我国除港澳台地区以外的 31 个省份。其中，农机购置补贴资金（$Subsidy$）数据来源于《全国农业机械化统计资料汇编（2005～2013）》及网站数据[①]；粮食播种面积（X_1）、耕地灌溉面积（X_2）、化肥施用量（X_3）、农作物受灾面积（X_4）及第一产业劳动力（X_5）数据主要根据《中国统计年鉴》（2006～2021）、《中国农村统计年鉴》（2006～2021）整理所得。为消除通货膨胀带来的影响，本书运用农业生产资料价格总指数对农机购置补贴数据进行价格指数平减。同时，为了增加面板数据的平稳性，本书对各变量均进行了对数化处理。各变量描述性统计如表4－4所示。

表 4－4 各变量描述性统计

分类	变量名称	单位	平均值	标准差	最小值	最大值
被解释变量	粮食总产量	万吨	1885.07	1615.50	28.8	7540.8
核心解释变量	农机购置补贴	万元	30729.51	31527.49	0	139197.5

① 本书农机购置补贴资金数据为中央财政农机购置补贴资金数据，除来源于《全国农业机械化统计资料汇编（2005～2013）》外，其余年份主要来自于农机360网站。

续表

分类	变量名称	单位	平均值	标准差	最小值	最大值
控制变量	粮食播种面积	千公顷	3591.17	2912.48	46.5	14438.4
	耕地灌溉面积	千公顷	2026.31	1583.48	109.2	6177.6
	化肥施用量	万吨	178.69	143.33	4.21	716.1
	农作物受灾面积	千公顷	982.63	960.73	0	7394
	第一产业劳动力	万人	897.76	668.18	27	3139

四、农机购置补贴政策影响粮食生产的实证结果分析

（一）农机购置补贴政策影响粮食生产的总体效应

本书从全国层面考察农机购置补贴政策影响粮食生产的总体效应，式（4-5）的估计结果见表4-5。首先，运用 Stata 12.0 软件分别采用混合回归模型、随机效应模型及固定效应模型进行检验，F 检验中 P 值为 0.0000，在 1% 的置信水平下显著，Hausman 检验中，chi2 值为 28.20，P 值为 0.0001，在 5% 的置信水平下显著，表明固定效应优于随机效应模型，故本书采用面板固定效应模型。

表4-5　　　农机购置补贴政策影响粮食生产的总体效应回归结果

变量	OLS (1)	OLS (2)	RE (3)	RE (4)	FE (5)	FE (6)
ln$Subsidy$	0.3521 *** (14.45)	0.0057 * (1.78)	0.0301 ** (6.36)	0.0056 *** (2.89)	0.0278 *** (6.58)	0.0055 *** (16.79)
lnX_1	—	0.8516 *** (42.98)	—	0.8625 *** (34.83)	—	0.8733 *** (32.16)
lnX_2	—	0.2077 *** (10.35)	—	0.1770 *** (6.34)	—	0.1838 *** (5.77)
lnX_3	—	0.1336 *** (6.94)	—	0.1558 *** (5.50)	—	0.1576 *** (5.12)
lnX_4	—	-0.0641 *** (-9.12)	—	-0.0327 *** (-8.20)	—	-0.0324 *** (-8.02)

续表

变量	OLS (1)	OLS (2)	RE (3)	RE (4)	FE (5)	FE (6)
$\ln X_5$	—	-0.0898^{***} (-5.34)	—	-0.1273^{***} (-6.39)	—	-0.1224^{***} (-5.44)
常数项	3.6721^{***} (15.68)	-0.7461^{***} (-9.74)	6.7009^{***} (56.23)	-0.6668^{***} (-4.27)	6.7225^{***} (166.85)	-0.8384^{***} (-3.37)
R^2	0.2956	0.9871	0.2971	0.9866	0.2971	0.9866
N	496	496	496	496	496	496
$F/Wald\ chi2$	107.46^{***}	6299.94^{***}	40.48^{***}	5210.68^{***}	43.26^{***}	406.66^{***}

注：*、** 和 *** 分别表示在 10%、5% 和 1% 的显著性水平上通过了检验。

如表 4-5 所示，列（5）是未加入控制变量情况下农机购置补贴政策对粮食生产的影响，其估计系数为 0.0278。列（6）是在控制了其他因素的情况下农机购置补贴政策对粮食生产的影响，其估计系数为 0.0055。显然，无论是否加入控制变量，农机购置补贴资金（Subsidy）的估计系数均为正值，且在 1% 的显著性水平上通过了检验。换而言之，农机购置补贴政策对中国粮食生产具有显著促进作用。控制变量中，粮食播种面积（X_1）、耕地灌溉面积（X_2）、化肥施用量（X_3）、农作物受灾面积（X_4）的回归结果均符合预期。第一产业劳动力（X_5）系数显著为负，可能的原因有：一是受比较利益影响，农业劳动力尤其是具备较高素质的农业劳动力外流，从事非农产业，加之农业机械对劳动力的部分替代，使得在数据趋势上呈现第一产业劳动力与粮食总产量的反方向变化（唐建、约瑟，2016；罗光强、姚旭兵，2019）；二是当前我国"老人农业"现象显著。由于老年劳动力在体力、健康及现代农业要素的学习应用上存在"短板"，故而在其他条件不变情况下不利于粮食生产（彭柳林等，2019）。因此，研究假说 1 得到验证。

（二）农机购置补贴政策影响粮食生产的动态效应

在式（4-5）的基础上，只加入农机购置补贴资金一次项，并加入农机购置补贴资金与年份的交叉项，进行双固定效应模型估计，以探究农机购置补贴政策影响粮食生产的动态效应，估计结果见表 4-6。基期 2005 年农机购置补贴资金（Subsidy）的系数显著为负（-0.0164），表明在此时期农机购置补贴政策短暂抑制了中国粮食生产；而在 2006～2007 年农机购置补贴资金（Subsidy）的系数均为正向但不显著；此后，2008～2020 年（除 2013 年外）农机购置补贴资金（Subsidy）的系数均显著为正，且系数呈现逐步扩大的趋势。不难发现，农机购置补贴政策的粮食增产效应短期内并不稳定，长期则稳步释放、逐步增强，研究假说 2 得到验证。

表 4-6　　　　农机购置补贴影响粮食生产的动态效应回归结果

变量	数值	变量	数值
$\ln Subsidy$	-0.0164^{**} (-4.75)	$\ln Subsidy \times Year_{2016}$	0.0201^{**} (8.39)
$\ln Subsidy \times Year_{2006}$	0.0044 (2.21)	$\ln Subsidy \times Year_{2017}$	0.0221^{***} (9.09)
$\ln Subsidy \times Year_{2007}$	0.0076 (3.75)	$\ln Subsidy \times Year_{2018}$	0.0236^{***} (9.82)
$\ln Subsidy \times Year_{2008}$	0.0113^{***} (5.39)	$\ln Subsidy \times Year_{2019}$	0.0256^{***} (10.53)
$\ln Subsidy \times Year_{2009}$	0.0105^{**} (4.84)	$\ln Subsidy \times Year_{2020}$	0.0317^{***} (10.80)
$\ln Subsidy \times Year_{2010}$	0.0116^{**} (5.23)	常数项	-0.7489 (-3.45)
$\ln Subsidy \times Year_{2011}$	0.0145^{*} (6.43)	控制变量	是
$\ln Subsidy \times Year_{2012}$	0.0169^{**} (7.30)	R^2	0.9782
$\ln Subsidy \times Year_{2013}$	0.0186 (7.96)	N	496
$\ln Subsidy \times Year_{2014}$	0.0185^{*} (7.72)	F	180.60^{***}
$\ln Subsidy \times Year_{2015}$	0.0195^{**} (8.08)	—	—

注：括号内数字代表标准误，*、** 和 *** 分别表示在 10%、5% 和 1% 的显著性水平上通过了检验。

（三）农机购置补贴政策影响粮食生产的产区分异

为进一步检验、比较农机购置补贴政策粮食增产效应的产区分异，本书采用 2001 年国务院《关于进一步深化粮食流通体制改革的意见》中的划分方法，将 31 个样本省份划分为粮食主产区（13 个省份）、主销区（7 个省份）及平衡区（11 个省份）。对式（4-6）检验后，得到如表 4-7 所示估计结果。不难发现，在 1% 或 10% 的显著水平上，农机购置补贴对粮食主产区、主销区粮食生产的影响显著为正，平衡区则显著为负，主产区、主销区及平衡区系数分别为 0.0167、0.0079（0.0167-0.0088）及 -0.0022（0.0167-0.0189），即农机购置补贴的粮食增产效应呈现主产区 > 主销区，粮食产销平衡区农机购置补贴政策不存在粮食增产效应。究其原因，可能与平衡区地形多高原、山地，不利于农业机械推广应用，而政府增加农机购置补贴金额会对其他涉农支出造成相对"挤出"，继而不利于平衡区粮食生产。因此，研究假说 3 得到部分验证。

表 4-7　　　　　　农机购置补贴影响粮食生产的产区分异回归结果

变量	回归系数	T 值
$\ln Inx$	0.0167 ***	4.79
$D_1 \times \ln Inx$	-0.0189 ***	-4.56
$D_2 \times \ln Inx$	-0.0088 *	-1.73
常数项	-0.9438	-3.83
控制变量	是	
R^2	0.9903	
N	496	
F	320.48 ***	

注：*、*** 分别表示在 10%、1% 的显著性水平上通过了检验。

综上所述，本节在深刻阐述农机具购置补贴政策之于粮食生产作用机理的基础上，运用 2005~2020 年我国除港澳台地区以外的 31 个省份面板数据，实证检验农机购置补贴政策影响粮食生产的总体效应、动态效应及产区分异。研究发现：就总体效应而言，农机购置补贴政策可显著促进我国粮食生产；就动态效应而言，农机购置补贴政策的粮食增产效应短期内并不稳定，长期则稳步释放；就产区分异而言，粮食主产区、主销区均存在农机购置补贴政策的粮食增产效应，且增产效应主产区＞主销区，平衡区则不存在粮食增产效应。

第三节　财政土地治理投入对粮食生产的影响[*]
——"藏粮于地""藏粮于技"一体推进的经验证据

一、引言及述评

全面推进乡村振兴是我国"十四五"时期"三农"工作的主题、主线。其中，确保国家粮食安全则是乡村振兴的首要任务（曾衍德，2017；常璇，2019；刘泽莹、韩一军，2020）。从粮食产业全链条看，粮食生产安全是粮食安全的根本。尽管我国粮食生产已实现"十七连丰"（2004～2020年），但却遭遇资源"红线"、生态"红灯"等瓶颈性约束。以耕地资源为例，2009～2019年我国耕地数量由20.31亿亩持续降至19.19亿亩[①]。此外，截至2019年我国基础地力相对较差的7～10等级耕地面积仍有4.44亿亩，约为耕地总面积的21.95%[②]。事实上，粮食生产根本在耕地，出路在科技（国家粮食和物资储备局，2020）。为缓解耕地资源约束，降低粮食库存财政成本，我国政府提出深入实施"藏粮于地""藏粮于技"战略，以夯实粮食可持续生产能力。在众多"藏粮于地""藏粮于技"的实践路径中，土地治理是"藏粮于地""藏粮于技"一体推进的典型载体。原因在于，"藏粮于地"必与"藏粮于技"相联系，耕地治理、改良将伴随多元的技术投入（见表4-8），且不同技术类型的选择、应用亦需"因地制宜"（贺汉魂，2017）。

---

[*] 本节主要内容曾发表于《贵州社会科学》2021年第5期，成果原名为《乡村振兴战略下土地治理投入对粮食生产的影响——"藏粮于地""藏粮于技"一体推进的经验证据》。

[①] 根据《中国统计年鉴》（2010～2021）整理计算所得。

[②] 全国耕地按质量等级由高到低依次划分为1～10等级，7～10等级耕地基础地力相对较差，生产障碍因素突出，短时间内难以得到根本改善。数据来源于中华人民共和国农业农村部《2019年全国耕地质量等级情况公报》。

表4-8 土地治理项目构成及其技术应用

项目类型		建设内容	技术应用
土地治理	中低产田改造	通过水利、科技、农林等措施综合治理，改善现有中低产田生产条件和生态环境，使之成为稳产高产农田	耕地质量检测技术、测土配方施肥技术、有机质提升技术、农田水利建设技术、现代化播种耕作技术、防治次生盐渍化及治酸控污技术等
	高标准农田建设	通过水利、科技、农林等措施综合治理，进一步提升中低产田改造效果，建设田地平整肥沃、水利设施配套、田间道路通畅、林网建设适宜、科技先进适用、优质高产高效农田	
	生态综合治理	保护和改善农牧业生态环境所进行的各类项目建设，包括草原（场）建设、小流域治理和土地沙化治理	水土流失与沙化治理技术等
	中型灌区节水配套改造	为农业综合开发改造中低产田、建设高标准农田提供外部灌排骨干条件，对设计灌溉面积5万~30万亩的中型灌区已有的灌排骨干工程进行配套完善和节水改造	节水灌溉技术等

资料来源：国家农业综合开发办公室网站及《中国财政年鉴》（2005~2018）。

进一步讲，我国依托农业综合开发工程于1988年开始实施土地治理项目，其主要任务是加强农业基础设施和生态建设，旨在通过水利、科技、农业、林业等综合配套措施，提高农业综合生产能力，保障国家粮食安全[1]。而土地治理投入，则是由政府、社会各部门、农户等多元主体供给的用于土地治理项目的货币资金（含以物折资、投劳折资）。从资金来源讲，土地治理投入的主体是财政资金，银行贷款及自筹资金所占比重相对偏少[2]；从资金投向讲，主要用于中低产田改造、高标准农田建设、生态综合治理和中型灌区节水配套改造等项目。伴随土地治理项目的深入实施，财政投资规模亦不断增长。数据显示，2004~2017年财政土地治理投入规模由77.26亿元持续增至315.11亿元，年均增幅达11.42%[3]。由此，也引发了学界对财政土地治理投入政策效应的关注。

---

① 根据国家农业综合开发办公室"土地治理项目简介"整理所得。

② 2004年后土地治理投入资金来源主要为财政资金和自筹资金，银行贷款在2003年前所占比重相对较大。

③ 根据《中国财政年鉴》（2005~2018）整理计算所得。

学界已有研究主要聚焦于：一是单一土地治理项目投入对粮食生产的影响。例如，有学者检验后发现农田水利设施建设可有效提高粮食产出（邱士利，2013），另有学者就耕地地力保护补贴的实施效果（彭炎辉，2017）、高标准农田的建设效果（Pu et al.，2019）、测土配方施肥补贴的政策效果（邓祥宏等，2011）等予以实证性探究；二是土地治理项目财政资金投入产出效率评估。主要涉及财政土地治理项目整体资金和高标准农田建设资金使用效率的 DEA 评价（林江鹏、樊小璞，2009；马晓妍等，2020）；三是土地治理支持政策的规范阐述。包括将"藏粮于库"的节约资金用以支持"藏粮于地"（周小萍等，2008）、将部分"黄箱"补贴用以支持农田建设并引导金融社会资本参与（方琳娜等，2020）、依托专项债券及一般债券提升高标准农田建设和中低产田改造的投入力度（张立承、范亚辰，2020）等。不难发现，现有成果较少描述财政土地治理投入影响粮食生产的作用机制，较少关注财政土地治理投入影响粮食生产的总体效应、动态效应，亦未对财政土地治理投入影响粮食生产进行粮食产区和资金投向异质性检验，继而难以为资金使用效益的提升提供科学依据。

基于此，本书的边际贡献在于：一方面，在理论上诠释财政土地治理投入影响粮食生产的作用机制，为效果评估梳理理论路径；另一方面，在实证上分别从总体效应、产区异质性、投向异质性多维视角评估财政土地治理投入影响粮食生产的实践效果。通过上述研究，力图为深入实施"两藏"战略、持续保障我国粮食安全和全面推进乡村振兴提供决策参考。

二、作用机制与研究假说

就粮食生产而言，耕地是粮食安全的基础，技术进步是粮食单产增长的最主要诱因（邓大才，2010）。如表 4-8 所示，作为"耕地"与"技术"融合推进的实践载体，土地治理成为一国提升粮食生产能力、保障国家粮食安全的现实路径。从总体效应讲，财政土地治理投入主要通过如下路径影响粮食生产。其一，加大农业基础设施建设促进粮食生产。诸如农田水利、电力、道路等基础设施是粮食生产的"先行资本"，属于土地集约利用类型中的基础技术集约利用范畴，财政土地治理投入通过加大农业基础设施建设力度，可夯实粮食生产的物质基础，提高农田抵御自然灾害的能力，继而助力粮食增产。该论断亦得到相关学者的验证（蔡保忠、曾福生，2017）。其二，加大农业科技投入引致粮食增产。农业科技进步是实现粮食增产、确保粮食安全的强大动力（姜松等，2012）。如表4-8所示，不同类型农业科技的应用既可促进资源要素利用效率的提升，又可通过影响各要素间的边际技术替代率，突破诸如耕地等稀缺要素资源约束，改变原有要素组合配置进而实现粮食增产。其三，土地治理投入资金以政府财政投资为主体，数据显示，1988~2017年全国农业综合开发土地治理总投资中财政资金所占比重约为81.26%[①]，对粮农私人投资产生部分替代，降低农户开展土地治理、从事粮食生产成本，提升其强化要素投入、发展粮食生产的积极性。从产区异质性讲，一方面，2004~2017年我国粮食主产区财政土地治理投入规模为2011.16亿元，约为全国同期财政土地治理投入总量的63.64%，远超粮食主销区、平衡区财政土地治理投入规模[②]；另一方面，粮食主产区具备发展粮食生产良好的资源禀赋条件和历史传统，主销区及平衡区则相对薄弱。因此，可得到如下研究假说：

假说4：从总体效应讲，财政土地治理投入对粮食生产具有显著的促进作用。

假说5：从产区异质性讲，财政土地治理投入在粮食主产区、主销区、平衡区均存在增产效应，且主产区的增产效应最大。

从资金投向异质性讲，财政土地治理投入主要用于开展中低产田改造、高标准农田建设、生态综合治理及中型灌区节水配套改造。具体讲：首先，中低产田改造与高标准农田建设是土地治理项目的重点实施领域，是农田建设"补短板"和"抓重点"的表现，结合水、土、田、路、林等综合治理举措，合理投入劳动、资本和技术，既可提高耕地基础地力等级、挖掘耕地潜力，又可形成集中连片、设施配套、高产稳产、生态良好、抗灾能力强、与现代农业生产和经营方式相适应的基本农田，从而增强耕地的粮食综合生

---

① 根据《中国财政年鉴》（2018）整理计算所得。

② 21世纪初我国根据各省粮食生产与消费总体特征，将全国31个省份划分为粮食主产区、主销区和产销平衡区三大功能区。其中，粮食主产区包括黑龙江、吉林、辽宁、内蒙古、河北、河南、山东、江苏、安徽、江西、湖北、湖南和四川等13个省份，主销区包括北京、天津、上海、浙江、福建、广东和海南等7个省份，产销平衡区包括山西、宁夏、青海、甘肃、西藏、云南、贵州、重庆、广西、陕西和新疆等11个省份。

产能力，并通过扩大粮食播种面积和提高单位面积粮食产出的方式促进粮食生产；其次，生态综合治理主要立足于农牧业生态环境治理，其对粮食生产的直接促进作用有限；最后，中型灌区节水配套改造主要致力于对原有灌溉骨干工程进行节水改造，其直接性粮食增产效应可能并不显著。因此，可得到如下研究假说：

假说6：从资金投向异质性讲，中低产田改造、高标准农田建设可显著促进粮食生产，生态综合治理、中型灌区节水配套改造可能并不具备显著的粮食增产效应。

三、研究设计

（一）模型构建

基于经典 C – D 生产函数模型，结合已有文献成果及现实观察，构建全国层面土地治理投入对粮食生产影响的面板数据模型，以测度土地治理投入影响粮食生产的总体效应。基本模型如下：

$$Y_{it} = \beta_0 + \beta_1 investment_{it} + \sum \beta_i X_{it} + \mu_{it} + \varepsilon_{it} \qquad (4-7)$$

为进一步考察、比较财政土地治理投入影响粮食生产的产区异质性，借鉴连玉君、廖俊平（2017）的研究成果，构建如下面板数据模型：

$$Y_{it} = \beta_0 + \beta_1 investment_{it} + \beta_2 D_1 \times investment_{it} + \beta_3 D_2 \times investment_{it} + \sum \beta_i X_{it}$$
$$+ \mu_{it} + \varepsilon_{it} \qquad (4-8)$$

具体讲，本书将全国31个样本省份（不含港澳台地区）划分为粮食主产区、主销区及平衡区，为比较不同粮食产区财政土地治理投入的粮食增产效应，引入 D_1、D_2 两个虚拟变量，并做如下设定：

$$D_1 = \begin{cases} 0,主产区 \\ 1,主销区 \\ 0,平衡区 \end{cases} \qquad D_2 = \begin{cases} 0,主产区 \\ 0,主销区 \\ 1,平衡区 \end{cases}$$

在式（4-8）中，β_1 表示粮食主产区财政土地治理投入对粮食生产的影响；$\beta_1 + \beta_2$ 表示粮食主销区财政土地治理投入对粮食生产的影响；$\beta_1 + \beta_3$ 表示产销平衡区财政土地治理投入对粮食生产的影响。此外，为检验不同资金投向财政土地治理投入的粮食增产效应，构建式（4-9）：

$$Y_{it} = \beta_0 + \beta_1 low\text{-}yield_{it} + \beta_2 high\text{-}yield_{it} + \beta_3 ecol\text{-}management_{it}$$
$$+ \beta_4 water\text{-}saving_{it} + \sum \beta_i X_{it} + \mu_{it} + \varepsilon_{it} \qquad (4-9)$$

式（4-7）~式（4-9）中，Y 为被解释变量，*investment*、*low-yield*、*high-yield*、*ecol-management*、*water-saving* 分别为各模型中核心解释变量，X 为控制变量，β 为待估计系数，μ 表示不可观测的省份固定效应，ε 为随机扰动项，i 表示地区，t 表示年份。在检验过程中，为增加面板数据的平稳性，防止回归方程出现偏误，式（4-7）和式（4-8）中被解释变量、解释变量均做对数处理；式（4-9）中由于核心解释变量中为0的数值较多，无法取对数，故而采用半对数模型，未作对数处理。

（二）变量选取

（1）被解释变量。本书被解释变量 Y 为粮食总产量，包括谷物、豆类及薯类。

（2）核心解释变量。式（4-7）、式（4-8）中核心解释变量 *investment* 为财政土地治理投入；式（4-9）中核心解释变量 *low-yield*、*high-yield*、*ecol-management*、*water-saving* 为财政土地治理的四类资金投向，分别由代理变量中低产田改造面积、高标准农田建设面积、生态综合治理面积及中型灌区节水配套改造数表示。

（3）控制变量。借鉴学界多数学者的研究经验并结合粮食生产实际，确定式（4-7）~式（4-9）的控制变量包括粮食播种面积（X_1）、粮食生产化肥施用量（X_2）、粮食生产农药使用量（X_3）、粮食生产农业机械总动力（X_4）、粮食生产劳动力（X_5）和耕地灌溉面积（X_6），且预期各控制变量对粮食总产量均产生显著正向影响。

（三）数据说明

土地治理项目是农业综合开发项目的重要构成。由于2018年机构改革后国家将国家发改委、财政部、原国土资源部、水利部涉及农田建设项目管理职责整合划入农业农村部，由农业农村部集中组织实施高标准农田建设项目，故而2019年财政部门未再安排农业综合开发项目，且2018年因机构改革农业综合开发项目相关数据亦未公开。因此，受财政土地治理投入（investment）指标可获取性的影响，本书将研究样本限定为2004～2017年我国除港澳台地区外的31个省份。其中，财政土地治理投入（investment）、中低产田改造面积（low-yield）、高标准农田建设面积（high-yield）、生态综合治理面积（ecol-management）及中型灌区节水配套改造数（water-saving）的数据均来自《中国财政年鉴》（2005～2018）；粮食总产量（Y）、粮食播种面积（X_1）、粮食生产化肥施用量（X_2）、粮食生产农药使用量（X_3）、粮食生产农业机械总动力（X_4）、粮食生产劳动力（X_5）和耕地灌溉面积（X_6）数据由《中国统计年鉴》（2005～2018）、《中国农村统计年鉴》（2005～2018）整理所得。由于上述年鉴中的化肥施用量、农药使用量、农业机械总动力及第一产业劳动力为农业部门的总投入量，故而借鉴范丽霞（2016）、李天祥（2017）的研究方法，用粮食播种面积/农作物总播种面积分别乘以化肥施用量、农药使用量、农业机械总动力，折算得到粮食生产所需化肥施用量（X_2）、农药使用量（X_3）及农业机械总动力（X_4），用（农业产值/农林牧渔产值）×（粮食播种面积/农作物总播种面积）乘以第一产业劳动力，折算得到粮食生产所需劳动力（X_5）[①]。此外，为消除通货膨胀可能带来的影响，财政土地治理投入（investment）通过农业生产资料总指数（2003＝100）予以平减。各变量描述性统计如表4-9所示。

表4-9 　　　　　　　　　　　　**各变量描述性统计**

分类	变量名称	单位	平均值	标准差	最小值	最大值
被解释变量	粮食总产量	万吨	1803.73	1503.10	41.10	7410.30
核心解释变量	财政土地治理投入	万元	68515.13	54874.61	4327.76	315676.50
	中低产田改造面积	万亩	66.76	281.86	0	5405.00
	高标准农田建设面积	万亩	29.28	45.21	0	323.33
	生态综合治理面积	万亩	12.08	24.32	0	186.03
	中型灌区节水配套改造数	个	0.41	0.81	0	4.00

---

①　该种调整方法是基于如下假定，即假定单位面积粮食作物与其他农作物化肥、农药、机械投入量相等，假定单位农业产值的农业劳动力在农林牧渔业中相同，这与实际并不完全相符，但囿于粮食生产中各要素实际投入量难以有效获取，故而采用该调整方法予以近似调整。

续表

分类	变量名称	单位	平均值	标准差	最小值	最大值
控制变量	粮食播种面积	千公顷	3528.90	2775.34	66.80	14154.30
	粮食生产化肥施用量	万吨	118.37	99.73	3.11	523.58
	粮食生产农药使用量	吨	35523.11	29065.12	548.92	112089.10
	粮食生产农业机械总动力	万千瓦	1979.01	1980.49	39.70	9072.87
	粮食产业劳动力	万人	325.75	249.57	8.96	1144.75
	耕地灌溉面积	千公顷	1964.67	1528.22	115.50	6031.00

四、财政土地治理投入影响粮食生产的实证结果分析

（一）财政土地治理投入影响粮食生产的总体效应估计

本书从全国层面考察财政土地治理投入影响粮食生产的总体效应，式（4-7）的估计结果见表4-10。首先，运用 Stata 12.0 软件分别采用混合回归模型、随机效应模型及固定效应模型进行检验。F 检验中 P 值为0.0000，在1%的置信水平下显著；Hausman 检验中，P 值为0.0219，在5%的置信水平下显著，表明固定效应优于随机效应模型，故本书采用面板固定效应模型。

表4-10　　财政土地治理投入影响粮食生产的总体效应回归结果

变量	OLS（1）	OLS（2）	RE（3）	RE（4）	FE（5）	FE（6）
$ln investment$	0.9874 ***	0.0705 ***	0.1194 ***	0.0571 ***	0.1143 ***	0.0554 ***
	(17.89)	(5.90)	(11.41)	(8.63)	(12.19)	(8.27)
$\ln X_1$	—	0.8041 ***	—	0.7140 ***	—	0.7134 ***
		(29.68)		(18.70)		(17.15)
$\ln X_2$	—	0.0685 ***	—	0.1735 ***	—	0.2029 ***
		(2.87)		(4.19)		(4.43)
$\ln X_3$	—	0.0844 ***	—	0.0506 **	—	0.0332
		(7.73)		(2.48)		(1.43)
$\ln X_4$	—	-0.0402 **	—	-0.0126	—	-0.0045
		(-2.25)		(-0.61)		(0.21)

变量	OLS (1)	OLS (2)	RE (3)	RE (4)	FE (5)	FE (6)
$\ln X_5$	—	− 0. 1176 *** (− 6. 06)	—	− 0. 0005 (− 0. 02)	—	0. 0547 * (1. 74)
$\ln X_6$	—	0. 2009 *** (10. 02)	—	0. 0906 *** (3. 28)	—	0. 0851 *** (2. 80)
常数项	− 3. 7239 *** (− 6. 21)	− 1. 6155 *** (− 11. 63)	5. 6715 *** (35. 61)	− 0. 9175 *** (− 4. 08)	5. 7270 *** (56. 34)	− 1. 1575 *** (− 3. 94)
R^2	0. 4241	0. 9877	0. 4255	0. 9846	0. 4255	0. 9822
N	434	434	434	434	434	434
F/Wald chi2	319. 89 ***	4958. 77 ***	130. 20 **	4201. 41 ***	148. 55 ***	284. 40 ***

注：括号内数值为 t 值，*、** 和 *** 分别表示在 10%、5% 和 1% 的显著性水平上通过了检验。

如表 4 - 10 所示，列（5）是未加入控制变量情况下财政土地治理投入对粮食生产的影响，其估计系数为 0. 1143；列（6）是在控制了其他因素的情况下财政土地治理投入对粮食生产的影响，其估计系数为 0. 0554。显然，无论是否加入控制变量，财政土地治理投入的估计系数均为正值，且在 1% 的显著性水平上通过了检验，结果具有相对稳健性。换而言之，财政土地治理投入对粮食生产具有显著促进作用，研究假说 1 得到验证。粮食播种面积（X_1）、粮食生产化肥施用量（X_2）、耕地灌溉面积（X_6）均在 1% 的显著性水平上促进了粮食生产；粮食生产劳动力（X_5）则在 10% 的显著性水平上促进了粮食生产，与预期相一致。相比而言，粮食生产农药使用量（X_3）、粮食生产农业机械总动力（X_4）并不具备显著的粮食增产效应。

（二）财政土地治理投入影响粮食生产的产区异质性估计

为进一步检验、比较财政土地治理投入粮食增产效应的产区异质性，采用 2001 年国务院《关于进一步深化粮食流通体制改革的意见》中的划分方法，将 31 个样本省份划分为粮食主产区（13 个省份）、主销区（7 个省份）及平衡区（11 个省份）。对式（4 - 8）检验后，得到如表 4 - 11 所示估计结果。不难发现，在 1% 或 10% 的显著水平上，财政土地治理投入对粮食主产区、主销区、平衡区粮食生产的影响均显著为正，且系数分别为 0.0680、0.0446（0.0680 - 0.0234）、0.0398（0.0680 - 0.0282），即财政土地治理投入的粮食增产效应呈现主产区 > 主销区 > 平衡区，研究假说 2 得到验证。

表 4 - 11　　　　财政土地治理投入影响粮食生产的产区异质性回归结果

变量	回归系数	T 值
ln$investment$	0.0680 ***	7.99
$D_1 \times$ ln$investment$	- 0.0234 *	- 1.79
$D_2 \times$ ln$investment$	- 0.0282 ***	- 2.62
常数项	- 1.0959 ***	- 3.75
控制变量	是	
R^2	0.9881	
N	434	
F	225.56 ***	

注：*、*** 分别表示在 10%、1% 的显著性水平上通过了检验。

（三）财政土地治理投入影响粮食生产的投向异质性估计

如前文所述，财政土地治理投入主要用于开展中低产田改造、高标准农田建设、生态综合治理及中型灌区节水配套改造。为验证财政土地治理不同资金投向对粮食生产的影响，对式（4 - 9）进行回归估计，得到如表 4 - 12 所示检验结果。一方面，中低产田改造（low-$yield$）的回归系数为正值，但对粮食生产的影响并不显著。与假说 4 预期不一致，可能的原因在于中低产田存在较多耕地障碍性因素，改造过程中受投入、建设标准的影响，距离高标准农田的要求尚存在差距，难以有效降低粮食生产成本。面对种粮成本利润率的持续降低，农户"趋粮化"生产意愿不强。另一方面，高标准农田建设（$high$-$yield$）、生态综合合理（$ecol$-$management$）及中型灌区节水配套改造（$water$-$saving$）对粮食生产的影响符合假说 4 预期。其中，高标准农田建设面积每增加 1 单位，粮食产量将增加 0.09%，其粮食增产效应在 1% 的置信水平下正向显著。

表 4 – 12　　　财政土地治理投入影响粮食生产的投向异质性回归结果

变量	回归系数	T 值
low-yield	0.0001	0.28
high-yield	0.0009 ***	4.93
ecol-management	– 0.0001	– 0.23
water-saving	0.0036	0.57
常数项	6.1070	96.21
R^2	0.7839	
控制变量	是	
N	434	
F	47.48 ***	

注：*** 表示在 1% 的显著性水平上通过了检验。

综上所述，为促进粮食生产、保障国家粮食安全，继而为全面推进乡村振兴提供底线支撑，构建 2004 ~ 2017 年我国 31 个省份的面板数据模型，从多维视角实证检验财政土地治理投入对粮食生产的影响，得到如下研究结论：第一，从总体效应讲，我国财政土地治理投入对粮食生产具有显著的正向促进作用；第二，从产区异质性讲，粮食主产区、主销区及平衡区财政土地治理投入均存在显著的粮食增产效应，且增产效应主产区 > 主销区 > 平衡区；第三，从财政土地治理投入的资金投向讲，高标准农田建设的粮食增产效应更为明显，中低产田改造、生态综合治理及中型灌区节水配套改造对粮食生产的影响均不显著。

第四节　产粮大县奖励政策促进了县域粮食生产吗？*

——基于河南县域面板数据 PSM – DID 方法的估计

一、问题的提出

"民为国基，谷为民命"，粮食事关国运民生，粮食安全是国家安全的重

---

* 本节主要内容曾发表于《地方财政研究》2021 年第 11 期，成果原名为《产粮大县奖励政策促进了县域粮食生产吗？——来自河南县域面板数据的证据》。

要基础。理论上讲，粮食安全具备显著的公共产品属性及外部性特征，由政府作为保障粮食安全的责任主体并发挥政府行为的主体性和主导性（罗光强，2012），是弥补非完全竞争市场条件下市场失灵的理性选择。就实践而言，在我国国家政权结构中县级政府处在承上启下、联结城乡、沟通条块的关键位置，不同于面临众多"体制性困局"的乡镇政府（周少来，2019），县级政府具备较为完整的"行为能力"，是发展辖区经济、改善民生、维护区域秩序的相对健全且稳定的基层政治实体，承担保障县域粮食安全的主体责任。但值得注意的是，中国式分权体制下县级政府在维护辖区粮食安全中却易产生行为异化，突出表现在发展粮食生产、稳定粮食供给的积极性缺失，财政支粮偏好不足。究其原因：一方面，中国的经济分权伴随着政治集权，地方政府官员基于 GDP 绩效考评的压力和有限任期内政治晋升的动力，会采取城市偏向、第二三产业偏向的财政治理策略。粮食生产具备弱质性、低财政经济增长贡献和弱政绩凸显性等特征，加之受分税制改革后县级政府事权过多而自有财力不足的影响，在"自上而下的标尺竞争"中县级政府会将有限的财政资金投向对辖区经济增长短期内产生直接贡献的第二三产业部门而非粮食部门，并导致地方公共产品供给结构扭曲（李雪松、冉光和，2013；李森等，2020），这是地方政府重农抓粮积极性不足的普遍性解释。另一方面，就产粮大县这一特殊行政主体而言，当前我国产粮大县粮食产量占全国比重接近3/4，其已成为保障国家粮食生产安全的核心行政区域。然而，受粮食安全目标责任下压、比较优势等因素的影响，产粮大县因事实上承担粮食调入区部分粮食安全责任而丧失相应的辖区发展权益，众多产粮大县陷入"粮财倒挂""高产穷县"的发展窘境（乔金亮，2015），外部性与机会成本视角下的利益流失抑制了产粮大县发展粮食生产的积极性。

基于此，为调动地方政府发展粮食生产的积极性，缓解产粮大县财政困难，并保障国家粮食安全，中央政府于 2005 年起实施产粮大县奖励政策，对粮食产量、商品量符合标准的县级政府给予财政奖励。由此便产生如下问题：产粮大县奖励政策能否有效促进县域粮食生产？政策存在怎样的动态效应？其作用机制为何？在深入实施国家粮食安全战略、乡村振兴战略的背景下，对上述问题的回答可揭示、提供产粮大县奖励政策影响县域粮食生产的作用机制与经验证据。在丰富已有文献成果的同时，以期为调动产粮大县发展粮食生产积极性、促进县域粮食生产并最终保障国家粮食安全提供决策参考。

二、文献综述

产粮大县奖励属于重点粮食产区利益补偿的研究范畴。早期经典作家基于"谁受益、谁补偿"的思想提出以财政转移支付制度化解粮食产销区间的利益失衡（Krugman，1991），继而与耕地发展权转移理论（Barrows，1975）、区域协调发展理论（Carter，2002）等共同构成重点粮食产区利益补偿的理论依据。在此基础上，学界分别围绕粮食主产省区、产粮大县的利益补偿问题展开实践性探索。

自21世纪初《关于改革和完善农业综合开发若干政策措施的意见》将我国13个省份划分为粮食主产区以来，学界围绕粮食主产省区利益补偿问题进行了诸多有益的研究。粮食主产区是我国粮食生产的核心地带和关键区域（吴玲、刘腾谣，2017），系统的量化比较分析后，在充分认知主产区粮食生产之于国家粮食安全重要贡献的同时，亦发现了外部性及机会成本下粮食主产区利益流失及经济发展、财政收入明显滞后的现象（陈璐等，2017），加之中国式财政分权、晋升激励下地方政府发展农业的初始动力有限（胡玉杰、彭徽，2019），主产区发展粮食生产的积极性受到抑制，故而从国家粮食安全战略高度制定实施独立完整的国家粮食主产区激励政策、建立健全主产区利益补偿机制尤为重要（魏后凯、王业强，2012）。在具体的技术路径上，包括建立粮食主销区对主产区的转移支付基金（蒋和平、吴桢培，2009；赵波，2011）、削减乃至取消粮食主产区各项涉粮财政配套支出（贾贵浩，2013）、建立耕地保护调节基金（高昕，2016）、增强主产区内生性补偿能力且实现"硬投入"与"软投入"并重（张扬，2014）等举措。

然而，以省域划定粮食主产区存在诸如政策效果弱化、难以覆盖非主产区粮食主产县等弊端。基于提升利益补偿政策效果的考量粮食主产区应以县级行政区划为基本地域单元，通过划定全国范围的粮食主产县，以此作为主产区利益补偿政策的行政地域边界（魏后凯、王业强，2012）。事实上，分布于粮食主产区与非主产区的产粮大县已成为我国当前粮食生产的"牛鼻子"，且其同样面临着利益流失、县级政府重农抓粮积极性不足的现实问题（许跃辉等，2010；赵婷婷，2019），部分产粮大县出现粮食生产与农民收入协调性偏低和耕地"非粮化"趋势（辛岭、蒋和平，2016；薛选登、张一方，2017）。尽管我国于21世纪初实施产粮大县奖励政策以提升地方政府重农抓粮积极性，但鲜有学者对该政策的实施效果予以检验。个别学者运用因子分析法探究产粮大县奖励政策的实施效果（费佐兰等，2016），却难以准确测度产粮大县奖励政策之于县域粮食生产的净影响，存在估计偏差。

较之于相对丰硕的粮食主产省区利益补偿的研究成果，学界较少关注产粮大县利益补偿问题，且鲜有学者运用合理的实证分析方法测度产粮大县奖励政策对县域粮食生产的净影响。与既有文献成果相比，本书的边际贡献包括：在研究内容上，回答产粮大县奖励政策能否有效促进县域粮食生产并检验其动态效应，继而在稳健性检验基础上验证该政策促进县域粮食生产的作用机制，丰富学界有关该问题的研究；在研究方法上，文章借鉴最早由赫克曼等（Heckman et al.，1998）提出的倾向得分匹配－双重差分法（PSM－DID）检验产粮大县奖励政策之于县域粮食生产的因果性影响，既有助于解决处理组和对照组在政策实施前不满足平行趋势假设所引致的内生性问题，又可以相对准确地评估产粮大县奖励政策的净效应并减少估计误差。

三、政策描述、作用机制与研究假说

（一）产粮大县奖励政策实施描述

为缓解产粮大县财政困难，调动县级政府发展粮食生产的积极性，促进县域粮食生产、保障国家粮食安全，我国于2005年起实施产粮大县奖励政策。十余年间尽管该政策已进行多次局部调整，但基本的政策设计仍保持相对稳定，表现在：一是根据县域粮食产量、商品量设计奖励入围条件，由中央财政对入围的产粮大县予以动态奖励，包括常规产粮大县奖励和超级产粮大县奖励。例如，根据财政部《关于印发〈产粮（油）大县奖励资金管理暂行办法〉的通知》内容，常规产粮大县入围条件为近五年平均粮食产量大于 4 亿斤且粮食商品量大于 1000 万斤的县级行政单位。若未达到该标准但在主产区粮食产量或商品量列前 15 位、非主产区列前 5 位的县级行政单位亦可入围。同时，近五年平均粮食产量或商品量分别位于全国前 100 名的县可入围超级产粮大县。二是按因素法分配奖励资金。以粮食商品量、产量等作为奖励因素，常规产粮大县奖励资金与省级财力状况挂钩，且财力偏弱省区奖励系数偏高。三是产粮大县奖励资金由中央财政测算后全额拨付到县级财政，不得截留、挪用。四是常规产粮大县奖励资金为一般性转移支付，由县级人民政府统筹安排、合理使用，为产粮大县奖励的主体构成；超级产粮大县奖励资金主要用于扶持粮油生产和产业发展。数据显示，2005～2020 年中央产粮大县奖励资金由 55 亿元增至 464.81 亿元，年均增幅达 15.29%，系中央政府给予各省（自治区、直辖市）产粮大县利益补偿、鼓励县域发展粮食生产的政策实践[1]。

　　河南省作为我国农业大省和粮食生产核心区，其粮食总产量约为全国的 1/10，小麦产量约为全国的 1/4，具备发展粮食产业的天然基础和比较优势，肩负着保障国家粮食安全的历史使命和时代重任。截至 2019 年，河南省共有 104 个县级行政单位入选中央产粮大县奖励名录，约为省内县级行政单位总量的 65.82%[2]。显然，河南省产粮大县已成为省域粮食生产的"牛鼻子"和筑牢"中原粮仓"根基的关键力量。此外，2005～2020 年河南省中央财政产粮大县奖励资金总额约由 5.34 亿元增至 53.15 亿元，年均增幅达 16.55%，高于全国平均水平，且 2020 年中央财政分配河南省产粮大县奖励资金约为全国总量的 11.44%，位列全国第二[3]。基于河南省产粮大县之于省域粮食生产的重要地位及中央财政长期以来的持续性、重点性扶持，本书以河南省部分产粮大县、非产粮大县为例，在县域面板数据的基础上运用 PSM－DID 方法，实证检验产粮大县奖励政策对县域粮食生产的净影响。

---

① 根据财政部官方网站整理计算所得。
② 根据河南省财政厅提供数据整理测算所得。
③ 根据财政部官网及河南省财政厅提供数据整理测算所得。

（二）作用机制与研究假说

事实上，产粮大县在发展县域粮食生产中存在显性、隐性利益流失。其中，显性利益流失主要为产粮大县粮食调出量中所蕴含的财政支粮资金；而隐性利益流失则为产粮大县因发展粮食生产非第二三产业所引致的机会成本。由此，使得部分产粮大县在县域财政经济锦标赛中逐步落后，陷入"粮财倒挂""高产穷县"的境况。例如，2005～2018年在本书选取的河南省连续14年获得产粮大县奖励的县级政府中，有90.14%～92.96%的县（市、区）人均财政一般预算收入低于各年份河南省平均水平①。作为中央补偿产粮大县利益损失的财政转移支付举措，产粮大县奖励政策可在一定程度上增强县域自有财力。数据显示，2018年在本书选取的河南省连续14年获得产粮大县奖励的县级政府中，有超1/5的县（市、区）所获奖励规模占县域财政一般预算收入的比例位列于5.24%～9.26%区间②。在县级政府事权责任偏多且财力不相匹配的现实困境下，产粮大县奖励资金成为部分县域自有财力的重要补充。同时，产粮大县奖励政策中常规产粮大县奖励资金可由县级政府统筹使用的政策设计，更加迎合了县级政府资金使用方式的灵活性偏好，强化了产粮大县获取该项奖励的内生动力。进一步讲，产粮大县奖励是与县域粮食产量相挂钩的"以奖代补"式的利益补偿政策。面对粮食安全责任下压、县域产业短期转型困难、自有财力不足等因素的制约，通过增加农业公共投资、提供粮食生产所需的公共产品及服务促进辖区粮食稳产增产以获取产粮大县政策奖励，不失为县级政府在既有约束条件下的理性选择。

在上述分析框架下，根据C—D生产函数及已有文献研究成果，发现粮食播种面积、化肥及农业机械等要素是当前影响县域粮食生产的主要物质诱因，外部干预政策通过影响农户主要生产要素投入继而促进粮食生产。具体讲：第一，产粮大县奖励政策可激励县级政府农业公共投资，改善粮食生产基本条件，引导粮农扩大粮食播种面积。粮食播种面积是直接决定粮食总产量的重要因素（星焱、胡小平，2013）。产粮大县为持续获得与县域粮食产

---

① ②　根据《河南统计年鉴》（2006～2019）及河南省财政厅提供数据整理测算所得。

量挂钩的奖励资金，会相对增加对农业领域的公共投资。如开展中低产田改造、加大农田水利基础设施建设等以改善粮食生产条件，实现公共投资对私人投资的部分"替代"，降低单位产品私人生产成本、提高市场竞争力（朱晶，2003），从而引导农户扩大粮食播种面积、促进粮食生产（屈宝香等，2009）。第二，政府农业公共投资形成对粮农事实上的"补贴"，相对增加了其对化肥等要素购置投入的动力，以提升单位面积粮食产出。化肥投入是提高粮食作物单产、增加粮食总量的主要措施（曾靖等，2010；侯玲玲等，2012）。财政农业投资是对粮农的隐性补贴，可降低单位面积产出粮农生产成本。为尽可能实现产出最大化，粮农将选择增加粮食生产中的化肥投入以提升粮食单产，且有证据表明农业补贴的增加会促进化肥施用量的增长（葛继红、周曙东，2012；杨秀玉、乔翠霞，2018），并在达到耕地生态可承受"阈值"前促进粮食生产。第三，产粮大县给予粮食生产主体农业机械购置补贴，带动粮食耕种收综合机械化水平整体提升，促进县域粮食生产。一方面，县域财政通过给予农机具购置补贴配套支持或补贴区域特色适用性农用机具，可释放补贴之于购机主体的激励效应，提高粮食作物耕种收综合机械化水平（王许沁等，2018；潘经韬、陈池波，2019）；另一方面，农业机械化水平的提升可通过改善粮食生产技术与生产效率、促进规模化生产、实现农业劳动力部分"替代"（钟甫宁等，2016）等路径促进粮食稳产增产。此外，农业劳动力也是影响粮食生产的基础因素。产粮大县将奖励资金用以发展第二三产业的行为倾向可能会引致农业劳动力供给的减少，但在农业劳动力非农就业、城镇化进程加速、土地流转规模化经营、农业技术进步等因素的复杂作用机制下，我国出现农业劳动力大量外流并未阻碍粮食连续增产的现实境况（程名望等，2015），故而当前农业劳动力对县域粮食生产的影响可能并不显著。

综上所述，产粮大县奖励政策通过充实县级政府自有财力以提升其重农抓粮积极性，继而带动县域财政提供辖区粮食生产所需公共产品及服务，并通过引导农户扩大粮食播种面积、增加化肥施用量、提升农业机械化水平等路径对县域粮食生产产生重要影响。但是，从政府增加农业公共投资到涉粮公共产品供给实现继而影响农民种粮行为决策会出现一定的政策时滞。产粮大县奖励政策实施时间越长，将有助于产粮大县不断积累财政支粮资金，通过循环累积支持持续改善县域粮食生产条件，继而影响粮农种粮预期。换而言之，产粮大县奖励政策实施时间越久，将越有助于促进县域粮食生产。基于上述理论分析，本书构建了产粮大县奖励政策影响县域粮食生产的理论分析框架（如图4-3所示），并提出如下研究假说：

假说7：产粮大县奖励政策能够促进县域粮食生产。

假说8：产粮大县奖励政策在短期内对粮食生产的促进效应并不明显，但长期促进效应将逐步增大。

假说9：产粮大县奖励政策通过引导农户扩大粮食播种面积、增加化肥施用量、提升农业机械化水平的路径促进县域粮食生产。

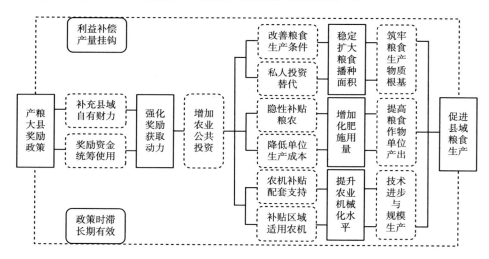

图4-3 产粮大县奖励政策促进县域粮食生产的理论分析框架

四、研究设计

（一）数据说明

为考察奖励政策对河南省产粮大县粮食生产的影响，综合考虑政策是否实施、实施连续性及数据可获性，本书收集整理了2000~2017年河南省82个县（市、区）的县域面板数据。其中政策处理组包含71个2005~2017年连续13年获得中央财政奖励的产粮大县（不包含获得省级产粮大县奖励的县域）。然而，囿于河南省 82 个县（市、区）中政策处理组和对照组可能存在选择性偏差，导致估计结果出现一定的偏误，故而采用一对一近邻倾向匹配的方法将政策处理县域与对照县域相匹配后，共得到 67 个县 1206 个样本观测值。在数据来源方面，河南省 2005～2017 年历年获得产粮大县奖励县域名单由河南省财政厅提供，其余数据主要来源于 2001～2018 年《河南统计年鉴》及《中国县域统计年鉴》，少量缺失数据通过各地市年鉴、检索官方网站进行补充。

（二）模型构建

本书先采用倾向得分匹配法（PSM）将政策处理组和对照组进行匹配，以解决自选择偏误所导致的内生性问题，继而在匹配后的样本范围内采用双重差分法检验产粮大县奖励政策对县域粮食生产的净影响。双重差分法是一项可用于评估政策效果的研究方法。其基本思路是将全样本分为政策处理组和对照组，通过比较同一时间段内处理组与对照组的差异并研究该差异是否随着时间的推移即政策的实施发生显著的变化，进而探究政策的实施是否产生了效果。DID 模型通过将"前后差异"和"有无差异"有效结合，在一定程度上控制了某些除政策干预因素以外其他因素的影响。同时，在模型中加入其他控制变量，又进一步控制了处理组和对照组中存在的某些"噪声"影响因素，得到对政策干预效果的真实评估。为验证研究假说 1，本书构建如下面板数据模型检验产粮大县奖励政策促进县域粮食生产的净效应：

$$Y_{it} = \beta_0 + \beta_1 \times Treat \times T + \sum \beta_X \times Control + r_i + \varepsilon_{it} \qquad (4-10)$$

式（4-10）中，Y_{it} 为衡量县域粮食生产的被解释变量，下标 i 和 t 分别代表第 i 个县和第 t 年。$Treat$ 用以区分处理组和对照组，T 为区分产粮大县奖励政策实施前后的虚拟变量，交乘项 $Treat \times T$ 是度量是否享有产粮大县奖励政策的核心解释变量。$Control$ 代表影响县域粮食生产的系列控制变量，包括粮食播种面积、化肥施用量、农机总动力、农业劳动力等。此外，β_0 为常数项，β_1 表示产粮大县奖励政策对县域粮食生产的净影响，为本书重点关注的系数。β_X 为各控制变量的系数，r_i 用以控制不随时间变化的个体固定效应，ε_{it} 为随机干扰项。为验证研究假说 2，即检验产粮大县奖励政策促进县域粮食生产的动态效应，可将式（4－10）变形如下：

$$Y_{it} = \beta_0 + \sum \beta_k \times Treat \times T^k + \sum \beta_X \times Control + r_i + \varepsilon_{it} \quad (4-11)$$

式（4－11）中，交乘项 $Treat \times T^k$ 是河南省某县（市、区）自 2005 年获得产粮大县奖励后第 k 年的虚拟变量。例如，某县 2005～2017 年持续获得中央财政产粮大县奖励。自该县 2005 年入围产粮大县奖励，在其后第 k 年，变量 $Treat \times T^k$ 赋值为 1，其余年份赋值为 0。β_k 度量了获得产粮大县奖励后第 k 年，产粮大县奖励政策影响县域粮食生产的政策效应。为进一步验证产粮大县奖励政策促进县域粮食生产的作用机制以验证研究假说 3，本书参照部分学者研究成果，构造如下模型：

$$Control = \beta_0 + \beta_j \times Treat \times T + \varepsilon_{it} \quad (4-12)$$

如式（4－12）所示，通过将各控制变量作为被解释变量，依次对虚拟变量 $Treat \times T$ 进行普通最小二乘回归，以考察产粮大县奖励政策对县域粮食生产驱动因素的作用。

（三）变量选择

文章研究的重点在于检验产粮大县奖励政策对县域粮食生产的影响。相关变量作如下选择：一是被解释变量 Y_{it}，本书选取各县历年实际粮食总产量（grain-output）用以衡量县域粮食生产发展水平。二是核心解释变量 $Treat \times T$，代表是否为获得中央财政产粮大县奖励资金的产粮大县。其中，$Treat$ 为政策虚拟变量。如果样本县是 2005 年之后（含）纳入中央财政产粮大县奖励名录的产粮大县，则赋值为 1，否则为 0；T 为反映产粮大县奖励政策实施与否的虚拟变量。2005 年之后（含）赋值为 1，2005 年之前赋值为 0。交乘项 $Treat \times T$ 的系数估计值 β_1 即为双重差分估计量，代表了产粮大县奖励政策对县域粮食生产的净影响。当且仅当第 i 个县是 2005 年之后纳入中央财政产粮大县奖励名录，且 $t \geqslant 2005$ 时，$Treat \times T$ 赋值为 1，否则为 0。三是控制变量 $Control$。综合学界已有研究成果及粮食生产实际，选取第一产业就业人员（labor）、粮食播种面积（sown-area）、化肥施用折纯量（fertilizer）、农业机械总动力（mec-power）作为影响县域粮食生产的主要控制变量。为了增加面板数据的平稳性，本书对主要变量均进行对数化处理，各变量定义及描述性统计见表 4 - 13。不难发现，主要变量标准差数值较小，表明在进行倾向得分匹配后，处理组和对照组的差距得以缩小，从而有效减少了产粮大县的自选择偏误引致的内生性问题。

表 4 - 13　　　　　　　　主要变量定义及其描述性统计

变量类型	变量名称	变量定义	样本量	平均值	标准差
被解释变量	lngrain-output	粮食总产量（万吨）	1206	3.89	0.51
控制变量	lnlabor	第一产业就业人员（万人）	1206	3.18	0.54
	lnsown-area	粮食播种面积（千公顷）	1206	4.40	0.57
	lnfertilizer	化肥施用折纯量（吨）	1206	10.88	0.58
	lnmec-power	农用机械总动力（万千瓦特）	1206	4.40	0.47

资料来源：《河南统计年鉴》（2001～2018）、《中国县域统计年鉴》（2001～2018）。

五、产粮大县奖励政策影响县域粮食生产的估计结果分析

（一）产粮大县奖励政策影响县域粮食生产的平均效应

为验证研究假说 1，式（4 - 10）中以县域粮食总产量的对数值 lngrain-output 作为被解释变量估计产粮大县奖励政策对县域粮食生产的影响。运用 Stata 12.0 软件估计后，得到如表 4 - 14 所示回归结果。显然，无论是否加入控制变量，核心解释变量 $Treat \times T$ 的系数均在 1% 的水平上正向显著。就列（1）回归结果看，在未控制其他影响县域粮食生产的因素时，$Treat \times T$ 的系数为 0.3477；就列（2）回归结果看，在控制了其他影响县域粮食生产的因素后，$Treat \times T$ 的系数变为 0.2054。此外，粮食播种面积、化肥施用折纯量、农用机械总动力均在 1% 的水平上对县域粮食生产产生正向显著影响，这与本书机制预期相符。第一产业就业人员在 5% 的水平上对县域粮食生产产生负向显著影响，可能的原因是我国粮食生产长期存在的"内卷化"即"过密增长"现象尚未得到根本扭转，过量的劳动力投入会阻碍农业机械化进程，降低粮食产出效率及水平（王跃梅等，2013；李俊鹏等，2018）。总

体而言，产粮大县奖励政策对县域粮食生产具有显著的促进作用，研究假说 1
得到验证。

表 4 - 14　　产粮大县奖励政策影响县域粮食生产的平均效应检验结果

变量	lngrain-output	lngrain-output
	（1）	（2）
$Treat \times T$	0.3477 ***	0.2054 ***
	（25.99）	（10.82）
ln$labor$		- 0.0643 **
		（- 2.07）
ln$sown$-$area$		0.0596 ***
		（3.64）
ln$fertilizer$		0.0860 ***
		（4.30）
lnmec-$power$		0.2448 ***
		（9.11）
常数量	3.6564 ***	1.6836 ***
	（334.55）	（6.66）
控制变量	不控制	控制
时间效应	控制	控制
固定效应	控制	控制
样本量	1206	1206
R^2	0.1876	0.7380

注：** 和 *** 分别表示在 5% 和 1% 的水平上显著，括号内数字为 t 值，作为对比，表中报告了不控制其他经济因素时的回归结果。

（二）产粮大县奖励政策影响县域粮食生产的动态效应

表 4 - 14 回归结果验证了产粮大县奖励政策促进县域粮食生产的平均效应，但并未从动态视角检验政策促进效应的时间变化特征。为验证研究假说 2，本书运用式（4 - 11）评估了产粮大县奖励政策促进县域粮食生产的动态效应，即以年为单位进一步分析随时间的变化产粮大县奖励政策对县域粮食生产的促进作用是否具有持续性，比较政策短期效应与长期效应差异。回归结果如表 4 - 15 所示。

表4-15 产粮大县奖励政策促进县域粮食生产的动态效应检验结果

变量	lngrain-output (1)	lngrain-output (2)
$Treat \times T^1$	-0.1297 *** (-2.89)	-0.1014 *** (-2.86)
$Treat \times T^2$	-0.0381 (-0.85)	-0.0013 (-0.04)
$Treat \times T^3$	-0.0395 (-0.88)	-0.0033 (-0.09)
$Treat \times T^4$	-0.01497 (-0.33)	0.0141 (0.40)
$Treat \times T^5$	0.0946 *** (2.88)	0.0485 *** (2.47)
常数量	3.8916 *** (455.81)	1.1288 *** (4.36)
控制变量	不控制	控制
时间效应	控制	控制
固定效应	控制	控制
样本量	1206	1206
R^2	0.0085	0.4639

注: *** 表示在1%的水平上显著,括号内数字为 t 值,作为对比,表中报告了不控制其他经济因素时的回归结果。

　　无论是否控制其他影响因素,$Treat \times T^1$ - $Treat \times T^5$ 的系数整体上呈现逐步增大的态势,且由负向显著继而不显著最终变为正向显著,表明产粮大县奖励政策对县域粮食生产的促进作用随时间逐渐增强。值得注意的是:一方面,在控制影响县域粮食生产的其他变量后,随时间的推移虽然交乘项系数整体呈现逐步增大趋势,但政策实施第1年至第4年交乘项系数并非正向显著,且从第5年开始交乘项系数在1%的水平上正向显著,这反映出产粮大县奖励政策促进县域粮食生产的短期效应不明显,但长期呈现逐步增强的态势;另一方面,加入控制变量后列(2)回归结果显示 $Treat \times T^1$ - $Treat \times T^3$ 系数均为负数。虽然在统计上由显著变为不显著,但可以推断产粮大县奖励政策实施后的1~3年内对县域粮食生产可能产生负向影响。对此的一个可能的解释是：当产粮大县获得可统筹使用的财力补充后，财政竞争与晋升激励下县级政府会将奖励资金多用以尝试发展第二三产业，而非农产业的发展及城镇化的推进可能压缩粮食生产所需耕地基础，导致粮食减产。而为了持续获得与粮食产量相挂钩的奖励资金，在落实粮食安全省长责任制的压力下，产粮大县后期会选择相对增加财政对粮食生产的资金扶持。受政策时滞等因素影响，长期方可逐步影响农户生产行为决策助力粮食生产。总而言之，产粮大县奖励政策在短期内并不能显著地促进县域粮食生产，具有明显的滞后效应。在政策实施后的第 5 年，产粮大县奖励政策的经济效应才得以显现，从而验证了研究假说 2 的合理性。

（三）更换匹配方法的稳健性检验

本书在运用双重差分法检验产粮大县奖励政策的平均效应、动态效应前，运用一对一近邻倾向匹配的方法将处理组与对照组相匹配，所选择的匹配变量包括第一产业就业人员、粮食播种面积、化肥施用折纯量及农用机械总动力。为了验证实证结果的稳健性，本书采取更换匹配方法的方式，运用核密度倾向匹配的方法将处理组与对照组相匹配，共得到 522 个匹配样本，且无论是产粮大县奖励政策促进县域粮食生产的平均效应抑或动态效应，$Treat \times T$ 的系数及 $Treat \times T^1 - Treat \times T^5$ 的系数整体上与表 4 – 14、表 4 – 15 检验结果保持大致一致，也即估计结果较为稳健。具体如表 4 – 16 所示。

表 4 – 16　　　　　　　更换匹配方法的稳健性检验结果

变量	lngrain-output		lngrain-output	
	（1）	（2）	（3）	（4）
$Treat \times T$	0. 3333 *** (21. 42)		0. 2048 *** (10. 82)	
$Treat \times T^1$		− 0. 1201 *** (− 2. 10)		− 0. 0923 *** (− 2. 22)
$Treat \times T^2$		− 0. 0360 (− 0. 63)		− 0. 0049 (− 0. 12)
$Treat \times T^3$		− 0. 0424 (− 0. 74)		− 0. 0099 (− 0. 24)

续表

变量	lngrain-output		lngrain-output	
	(1)	(2)	(3)	(4)
$Treat \times T^4$		-0.0136		0.0129
		(-0.24)		(0.31)
$Treat \times T^5$		0.0998**		0.0462**
		(2.37)		(2.05)
常数量	3.5258***	3.7355***	1.5234***	0.9613***
	(292.61)	(356.29)	(6.96)	(2.96)
控制变量	不控制	不控制	控制	控制
时间效应	控制	控制	控制	控制
固定效应	控制	控制	控制	控制
样本量	522	522	522	522
R^2	0.2789	0.0117	0.7538	0.4576

注：** 和 *** 分别表示在 5% 和 1% 的水平上显著，括号内数字为 t 值。

（四）产粮大县奖励政策促进县域粮食生产的机制分析

产粮大县奖励政策能够显著促进县域粮食生产，且政策效应短期并不显著长期逐步增强。那么，产粮大县奖励政策促进县域粮食生产的内在作用机制为何？为验证研究假说 3，运用式（4 - 12）模型估计产粮大县奖励政策对县域粮食生产各驱动因素的影响，回归结果如表 4 - 17 所示。$Treat \times T$ 的系数 β_j 表示产粮大县奖励政策对各类县域粮食生产驱动因素的影响。显然，列（1）系数在 1% 的水平上负向显著，表明产粮大县奖励政策在一定程度上引致了第一产业就业人员发生产业转移，减少了农业劳动力供给；列（2）~列（4）系数均在 1% 的水平上正向显著，表明产粮大县奖励政策有效促进了粮食播种面积、化肥施用量及农业机械总动力的提升，从而促进县域粮食生产，这与表 4 - 14 回归结果相对应。总而言之，产粮大县奖励政策将主要通过引导农户扩大粮食播种面积、增加化肥施用量、提升农业机械化水平的路径促进县域粮食生产，从而验证了研究假说 3。

表 4 - 17　　　产粮大县奖励政策促进县域粮食生产作用机制检验结果

变量	ln*labor*	ln*snow-area*	ln*fertilizer*	ln*mec-power*
	（1）	（2）	（3）	（4）
Treat × *T*	- 0. 2872 ***	0. 0701 ***	0. 3389 ***	0. 3700 ***
	（ - 23. 78）	（3. 06）	（17. 81）	（26. 09）
常数量	3. 3800 ***	4. 3521 ***	10. 6463 ***	4. 1462 ***
	（342. 45）	（232. 44）	（684. 82）	（357. 90）
样本量	1206	1206	1206	1206
R^2	0. 0938	0. 0814	0. 1459	0. 1255

注：*** 表示在1%的水平上显著，括号内数字为 *t* 值。

综上所述，本节基于2000～2017年河南省82个县（市、区）的县域面板数据，运用倾向得分匹配 - 双重差分法（PSM - DID）研究了产粮大县奖励政策对县域粮食生产的影响，可得到如下基本结论：第一，产粮大县奖励政策对县域粮食生产具有显著的促进作用，该结论在进行稳健性检验后仍然成立。第二，产粮大县奖励政策促进县域粮食生产的短期效果不显著，具备一定的滞后效应。长期对县域粮食生产的促进作用逐步增强，且该结论同样通过了稳健性检验。第三，产粮大县奖励政策主要通过影响农户扩大粮食播种面积、增加化肥施用量、提升农业机械总动力的作用路径促进了县域粮食生产。

第五章

财政保障国家粮食安全的国际比较及经验借鉴[*]

科学借鉴国外财政保障国家粮食安全的有益做法对中国财政支粮政策的完善意义重大。本章分别选取美国、日本、印度三国的财政支粮政策进行系统介绍，包括各国财政支粮政策的演进历程、现行政策及基本特征，继而梳理总结美国、日本、印度财政支粮政策对中国的启示，为完善中国粮食安全的财政保障政策提供借鉴。

第一节　美国粮食安全的财政保障政策

从世界范围看，农业同样是美国具备国际竞争力的核心产业。究其原因，一方面是由于美国具备发展农业得天独厚的自然条件，在所有的国土面积中，平原面积占比约为 55%，耕地面积占比约为世界耕地面积的 13%，且 70% 以上的耕地为有机质含量高的黑钙土、栗钙土和暗棕钙土，全国多数地区处于温带、亚热带地区，降水充沛、分布均匀，从而为其农业的发展奠

---

[*] 本章部分内容发表于《财政监督》2019 年第 11 期文章《论美日农业补贴政策及对我国的启示——基于粮食安全视角》及发表于《地方财政研究》2013 年第 4 期文章《印度农业补贴政策及其启示》。

定了坚实的物质基础①；另一方面，美国政府较早且长期注重对农业的支持和保护，通过动态完善财政支持政策，促进农业科技及农业产业化水平的提升，进而有效保障国内粮食生产及居民营养的丰富充沛。选择美国作为借鉴国，一是由于其农业集约化、现代化发展水平高，农业产业处于世界领先地位，且具备丰富的财政支持农业发展的政策经验；二是近年来美国面临着较为严重的财政赤字。数据显示 2017 财年美国财政赤字达 6660 亿美元，创 2013 财年以来新高②。在此背景下，美国于 2018 年末出台《农业提升法案》，明确了 2019～2023 年美国扶持本国农业发展的基本思路。与此同时，中国近年来进入经济发展新常态，经济增速及财政收入增速均不断放缓。面对严峻的粮食安全形势及日益增长的支出压力，如何优化中国财政支粮政策体系继而保障国家粮食安全是中国亟待解决的现实难题。基于此，本节首先就美国财政支粮政策的演进历程进行介绍，继而对当前美国财政支粮政策作以描述，最后总结美国财政支粮政策的基本经验。

一、美国财政支粮政策的演进历程

面对 20 世纪 30 年代资本主义国家所爆发的经济大萧条，美国政府实施"罗斯福新政"，对国民经济运行展开系列调控，对农业发展实施强有力的政府支持，并于 1933 年以《农业调整法》的形式确立了财政支持农业发展的基本雏形。随后，直至 2018 年《农业提升法案》出台，美国政府在 80 余年的实践中根据本国农业发展实际、对外贸易、农产品市场、财政实力及政治因素等的变动情况对支持农业发展的财政政策进行动态调整完善。

（一）20 世纪 30 年代至 90 年代中期，实施以价格补贴为主，以限产、扩储、促出口等多类型综合性补贴为辅的财政政策，以稳定粮食等农产品价格，保障农场主收入水平

价格支持政策是美国 20 世纪 90 年代中期前所采取的主要农业支持政策，具体表现为对水稻、小麦、饲料作物等主要农产品制定目标价格，实施

---

① 根据《国际统计年鉴》（2016）整理计算所得。
② 根据美国财政部网站整理计算所得。

差价补贴。该项补贴政策的运作方式为农场主以尚未收获的粮食等农产品向农业信贷公司担保抵押并获得贷款。当市场价格高于目标价格时，农场主可随行就市销售农产品并用销售收入偿还贷款本息；而当市场价格低于目标价格时，则可将农产品交予农业信贷公司，由政府根据目标价格与市场价格的价差乘以农产品销售量得到差额补贴。值得注意的是，目标价格下的差额补贴主要是针对与政府签订休耕计划和销售合同的农场主。

为进一步解决农产品生产过剩问题，保障农场主收入，除实施价格补贴外，美国政府通过休耕补贴计划以限制粮食等主要农产品产量。如1933年实施播种面积配额和销售限额政策；1956年农业法规定实施耕地面积储备及土壤保护储备政策。前者主要用于耕地的短期休耕，后者则用于土地长期退耕，且达到保护土地目的的均给予财政补贴；1961年实施紧急饲料谷物计划，规定农业生产者需减少20%的耕地，并使减耕耕地土壤得到较好的保护，在此基础上方可得到减耕耕地正常产量50%的补贴。在限产同时，美国政府通过农产品储备计划面向农业信贷公司（目标价格政策所产生的农产品积累）或农场主收储过剩农产品，而针对自愿参加该计划的农场主，则由政府提供一定的存储补贴。此外，美国通过实施农业促进计划，对出口农产品实施补贴，以提升国际竞争力，扩大农产品出口，并通过出口信贷政策进一步促进农产品出口。除上述财政支持举措外，美国政府还通过实施灾害援助补贴和作物保险补贴减轻自然灾害所引致的收入损失，并通过财政直接投资等方式助力农业科研推广、农业资源保护、农产品营销及病虫害防治等项目。

如表5－1所示，总体上看，1986～1995年美国用于市场价格支持（MPS）的财政支出在生产者支持估计（PSE）支出中所占比重呈波动上升态势，特别是1989～1995年市场价格支持占比均保持在41.64%以上，1989年更是高达51.79%，表明该时期美国生产者支持项目中以市场价格支持政策为主体支持政策。同时，该时期用于一般服务支持（GSSE）项目的支出在农业支出总量估计（TSE）中所占比重亦由1986年的6%上升至1995年的10%，呈逐渐上升态势，但仍低于同时期市场价格支持（MPS）在农业支出总量估计中的比重。此外，1986～1995年美国农业支持总量估计中，生产者支持项目及一般服务支持项目仍为主要财政支持项目，二者之和高于同时期消费者支持估计（CSE）。

表 5 - 1 　　　　　　　　　1986 ~ 1995 年美国农业支持情况统计

项目	1986 年	1987 年	1988 年	1989 年	1990 年	1991 年	1992 年	1993 年	1994 年	1995 年
MPS（百万美元）	11070.83	14479.8	10458.03	19133.6	12714.18	13656.3	13731.26	15292.66	12757.95	8225.37
PSE（百万美元）	37329.32	38027.16	30653.51	36941.55	30197.81	30070.18	31167.77	32999.95	27988.58	19753.45
GSSE（百万美元）	3002.95	3089.21	3232.07	3449.48	3664.13	3970.36	4130.48	4265.85	4237.25	4198.41
TSE（百万美元）	50052.71	51087.49	44460.74	51185.07	46429.22	47984.41	50877.54	54410.25	49409.42	41979.63
MPS/PSE（%）	29.66	38.08	34.12	51.79	42.10	45.41	44.06	46.34	45.58	41.64
MPS/TSE（%）	22.12	28.34	23.52	37.38	27.38	28.46	26.99	28.11	25.82	19.59
GSSE/TSE（%）	6.00	6.05	7.27	6.74	7.89	8.27	8.12	7.84	8.58	10.00

资料来源：OECD PSE/CSE Database，2017 年。

（二）20 世纪 90 年代中期至 21 世纪初，以固定收入补贴取代价格差额补贴，实施耕地与环境保护计划，发挥市场对粮食生产的调节作用

受世界贸易组织（WTO）《农业协定》及本国财政预算压力的影响，美国 1996 年通过的《农业完善与调整法》要求发挥市场之于农业生产的调节作用，逐步变部分价格支持政策为对农场主的收入支持，取消目标价格政策下的差价补贴，采取"生产灵活性合同"补贴方式，取代大部分农作物的限产补贴，要求在 1996 ~ 2002 年希望获得补贴的农业生产者需遵守国家有关保护土地政策规定且不改变农地用途，即可连续七年获得收入补贴。该补贴使得粮食生产者具备更大的生产灵活性，在不违背有关规定条件下生产任何农产品均可获得补贴。与此同时，取消对农场主的储备补贴，实施耕地与环境保护计划，主张利用财政补贴引导农业生产者选择土地休耕并开展有利于环境保护的生产活动。自 1998 年起，实施作物收入保险计划和市场损失补助政策，以保护农场主利益，相应的财政支持资金规模有所上升。

（三）21 世纪初至今，农业补贴类型逐步扩大，逐渐成为保护本国粮食安全和干预国际粮食市场的重要政策工具

针对 20 世纪 90 年代中后期出现的国内农产品价格下跌、农场主收入大幅减少的现象，结合 21 世纪初欧盟、日本等国提高本国农业补贴水平的现实，美国逐步扩大财政对农业发展的支持力度，补贴政策类型亦逐步增多，补贴规模亦逐步扩大。具体讲，2002 年《农业安全及乡村投资法》提出实施市场营销贷款项目补贴、直接补贴和反周期补贴。其中，市场营销贷款项目补贴本质上讲为农产品价格支持政策，类似于之前所实施的目标价格下的差价补贴政策，仅是提高了粮食等主要农产品的贷款率并扩大了补贴范围；直接补贴则继续沿用了"生产灵活性合同"补贴方式。新法案仅是调整了已涵盖农产品的直接支付率，且不再完全与实际生产挂钩；反周期补贴则是政府根据目标价格与"有效价格"之差给予粮食生产者补贴。粮食的目标价格由政府提前确定，有效价格则是粮食实际价格与直接补贴之和，当有效价格低于目标价格时启动该项补贴政策。此后，2008 年的《食品、自然资源保护及能源法》进一步扩大直接补贴的力度及补贴范围，尤其是食品券及营养项目支出，对粮食等农产品消费者予以大力补贴。数据显示，在 2008～2012 年农业法案生效时间内，美国共计支出财政资金约 3070 亿美元。仅营养项目支出即达 2090 亿美元，约为总支出的 68.08%[①]。同时，建立对市场扭曲程度小的农作物平均收入选择项目，农民自主选择是否加入。加入者可在农作物年实际收入低于农作物平均收入选择项目的基准收入时即可获得补贴，每亩农作物的基准收入由政府事先确定。此外，美国政府通过税收减免及保费补贴的方式推行农业收益保险，建立农业灾害援助项目，并将补贴与环境保护、食品安全等因素相关联，使得农场主在从事粮食生产时注重环境资源保护与清洁绿色生产，有助于提升粮食质量安全。随后，面对部分农业补贴资金的低效使用、农场主收入的增长及国家财政赤字日益严重的现实，2014 年《食物、农场及就业法案》则取消直接补贴政策。在继续构筑农民收入"安全网"（包括价格损失保障、农业风险补助及作物保险项目）的同时，强化营养项目、农作物保险项目及自然资源保护项目支出，从而保障粮食等主要农产品的国内供应。时至今日，美国现行农业补贴政策见之于特朗普政府于 2018 年 12 月 20 日签署生效的《农业提升法案》（2019～2023），预计安排 4280 亿美元

① 吴雪艳. 美国农业补贴政策及其对中国的启示 [J]. 西南民族大学学报（人文社会科学版），2010（8）：130-134.

支出用于农产品支持、作物保险、资源保护、有机农业发展等领域。

二、美国现行财政支粮政策

美国现行农业补贴政策以 2018 年通过的《农业提升法案》（2019～2023）为基本框架，美国政府财政在农产品支持、作物保险、资源保护、有机农业发展等领域给予相应的支持。基于粮食安全视角，仅就对我国农业补贴政策调整有借鉴意义的美国现行主要财政政策进行介绍。

（一）农产品支持项目

价格损失补贴（PLC）及农业风险补贴（ARC）系美国 2018 年农业法案中农产品支持项目的主要构成。主要用以弥补粮食生产及销售风险对粮食生产者造成的损失，覆盖小麦、玉米、高粱、水稻等粮食作物。具体讲，价格损失补贴（PLC）针对各重要粮食作物分别设定一个有效参考价格，各粮食产品随行就市。当粮食作物市场价格低于有效参考价格时，则启动对粮食生产者的补贴，实现"价补分离"，进而避免对粮食市场的直接性干预。在各粮食作物有效参考价格的确定上，应遵循如下步骤（见表 5－2）：一是从 2014 年农业法案中设置的参考价格与近 5 年相应粮食作物平均市场价格的 85% 价格水平中选择较大者；二是从上述较高价格水平与 2014 年农业法案中对应粮食作物 115% 参考价格水平中选择较小者，并确立其为相应粮食作物的有效参考价格。由此，便增加了粮食生产者在遭遇市场价格损失时政府补贴的潜在获益空间，并减少对市场价格的扭曲。与之类似，农业风险补贴（ARC）同样以有效参考价格为基础触发支付，当所在县某种作物在作物年度中的平均每英亩收入水平低于所确定的收益水平时给予粮食生产者补助，从而保障粮农的种粮收益。

表 5－2　　　　　　　主要粮食作物有效参考价格对照表　　　　　单位：美元

粮食产品类别	115% 参考价格水平	参考价格水平	85% 市场平均价格水平
小麦（蒲式耳）	6.33	5.50 *	4.42
玉米（蒲式耳）	4.26	3.70 *	3.02
高粱（蒲式耳）	4.54 *	3.95	5.34

粮食产品类别	115%参考价格水平	参考价格水平	85%市场平均价格水平
大麦（蒲式耳）	5.69	4.95*	4.47
燕麦（蒲式耳）	2.76	2.40*	2.24
长粒大米（英担）	16.10	14.00*	9.80
中粒大米（英担）	16.10	14.00	14.11*

注：*表示相应粮食作物的有效参考价格；"参考价格水平"为2014年农业法案所确立的参考价格；"市场平均价格水平"为近5年市场价格的平均值，本表所列粮食产品系2017年选择确定。

资料来源：根据美国农业部经济研究局网站整理所得。

（二）作物保险项目

经过80余年的改革发展，美国政策性农业保险日臻成熟且种类丰富，为120余种农作物和畜牧品种提供完善的风险保障。较之于2014年农业法案，2018年农业法案中所实施的农作物保险政策类型继续保持相对固定，但作物保险项目整体支出规模占比则由8%上升至9%，成为除营养强化项目外的最大支出项目。从整体上看，美国作物保险项目呈现如下特征：一是实施差异化的财政补贴政策。即针对不同的保险险种、保险水平、保险单位制定差异化的保费补贴比例，以适应各州地理环境差异及不同规模、经济实力农户的投保需求，继而提高保险精准性、扩大保险覆盖面。二是注重给予参保农户及保险公司保费补贴、经营管理费补贴，进而降低参保农户保费负担，提高保险公司承保积极性。三是由政府负责运营的联邦农作物保险公司（FCIC）向商业保险公司提供再保险服务，控制商业保险公司对农作物保险赔付上的经营风险，保障保险公司的经营利益。例如，补充保险选择（SCO）为农场主提供联邦作物基础保险保障水平与县平均产量（或收入）86%保障水平之间的额外风险保障，政府则为该项保险支付65%的保费补贴。同时，美国政府注重对农业保险公司的财政支持。如按照保费的18.5%支付保险公司经营管理费用补贴，对联邦农业保险公司免征一切财产税收，对私营保险公司所开展的涉农保险业务也仅按照1%~4%的区间征收营业税。此外，2018年农业法案仍重视对粮农开展风险教育和保险培训活动，每年支出500万美元通过国家食物与农业研究院（NIFA）对粮农提供风险管理及保险教育培训，以引导粮农积极参与作物保险项目并合理规避风险①。

（三）资源环境保护项目

2018 年农业法案继续加大对资源环境保护项目的扶持力度。该项支出在农业法案全体支出项目中所占比重由 2014 年农业法案中的 6% 上升至 7%，增长约 6.2 亿美元②。从资金使用方向看，主要用于保护储备计划（CRP）、保护管理计划（CSP）、环境质量激励计划（EQIP）、农业保护地役权项目（ACEP）和区域保护合作项目（RCPP）等。其中，保护储备计划（CRP）将休耕面积上限由 2400 万英亩调整至 2700 万英亩（截至 2023 年），一般休耕补贴率、持续休耕土地补贴率上限分别设定为所在县平均地租的 85%、90%③；保护管理计划（CSP）在于向符合农林用地管理要求的生产者提供财政援助，2019～2023 财年累计达 39.75 亿美元；环境质量激励计划（EQIP）通过向农业生产者提供财政援助，以引导其开展诸如节水灌溉、土地健康示范等具有广泛资源环境效益的养护活动，相应的财政资金规模则预计由 2019 财年的 17.5 亿美元增至 2023 财年的 20.25 亿美元；农业保护地役权项目（ACEP）通过建立湿地保护、农地保护地役权，为高侵蚀地和湿地提供补贴，以恢复和保护湿地，并防止高产农田"农转非"；区域保护合作项目（RCPP）则在实现联邦、州政府及其他合作组织合作的基础上，签署资源环境保护项目，提供资金支持，积极推动地区和流域内的资源环境保护④。总体而言，美国政府通过实施资源保护项目，有助于增强粮食生产的可持续性，继而确保国内粮食的长期稳定供给。

除上述主要农业补贴政策外，美国政府还注重对有机农业发展、农民教育培训的扶持。例如，美国政府为有机农业研究推广项目（OREI）设立永久性资助，2018 年农业法案规定 2019～2023 财年年度支持规模将由 2000 万美元上升至 5000 万美元；为扶持新生或处于劣势地位农民的发展，2018 年

---

① 王克. 美国 2018 年农业法案中农业保险计划的动向和启示 [N]. 中国保险报，2019 - 01 - 09 (004).

② 根据美国农业部经济研究局网站整理计算所得。

③ 彭超. 美国农业法案新动向及其启示 [N]. 农民日报，2018 - 12 - 22 (003).

④ 杨春华，杨洁梅，彭超. 美国 2014 农业法案的主要特点与启示 [J]. 农业经济问题，2017 (3)：105 - 109.

农业法案免除了上述群体贷款担保所要缴纳的 1.5% 的担保费用。同时，向为农民提供培训、教育、技术援助的组织提供财政支持，2019～2023 财年年度支持规模将由 3000 万美元上升至 5000 万美元①。

三、美国财政支粮政策的基本特征

通过梳理、描述美国各时期所实施的保障国家粮食安全的财政政策，可发现美国财政支粮政策呈现如下基本特征：

第一，逐步减少对市场的直接性干预。纵览美国财政支粮政策演进历史，以价格支持及挂钩直接补贴为代表的农业生产者支持规模逐渐减少，同时现行的诸如价格损失补贴（PLC）、农业风险补贴（ARC）及其他直接补贴项目等均注重通过相应的政策设计减少对市场的直接干预。

第二，政策设计兼顾粮食自然风险与市场风险，以保障粮食生产者种粮利益。如美国政府在 2008 年农业法案中该规定的保险体系的基础上强化作物保险项目，新增选择性补充保险（SCO），为粮食生产者提供额外的以面积为基础的保险保障。同时，包括价格损失补贴（PLC）、农业风险补贴（ARC）及作物保险项目在内的财政支粮政策均考虑到粮食生产者因遭遇自然或市场风险所引致的损失，继而保障其生产积极性。

第三，注重实施"绿色补贴"项目，增强粮食生产的可持续性。无论是 2008 年的《食品、自然资源保护及能源法》、2014 年的《食物、农场及就业法案》，抑或 2018 年的《农业提升法案》均注重财政对自然资源环境保护，将补贴与区域资源环境保护相挂钩，注重保护资源与环境，通过多项具体财政补贴政策促进粮食的可持续生产。

第二节　日本粮食安全的财政保障政策

日本国土面积约为 37.8 万平方公里，约为中国国土面积的 1/25。同时，

---

① 根据美国农业部经济研究局网站整理所得。

根据我国外交部 2021 年 3 月发布的数据，截至 2021 年日本人口总量为 1.26 亿，人口密度约为 347 人/平方千米，位居世界前列，是一个典型的人多地少国家。在自然环境方面，日本被称为"千岛之国"，是一个多山的岛国，山地和丘陵约占国土面积的 71%，平原面积狭小。日本以温带和亚热带季风气候为主，四季分明、降水充沛，多台风、火山地震等气象、地质灾害。在自然资源方面，日本水资源丰富，耕地资源极其有限，人均约 0.04 公顷，约为中国的 1/2，且土壤贫瘠，主要为黑土（火山灰）、泥炭土及泛碱土。此外，日本农业劳动力人口短缺。根据日本厚生劳动省 2020 年公布的数据，全国 65 岁以上人口占日本总人口的比例约为 28.7%，为全球最高。可以说，囿于日本人多地少、耕地资源有限、自然灾害频发、农业劳动力短缺且人口老龄化严重的现实约束，根据日本农林水产省公布的数据，2020 年日本粮食自给率仅为 37%，国内粮食供应形势异常严峻。然而，根据英国《经济学人》杂志发布的 2019 年《全球粮食安全指数报告》，日本粮食安全指数位列全球第 21 位，领先于中国（第 35 位），这与日本长期重视国家粮食安全及其所采取的财政支持政策密切相关。选取日本作为经验借鉴国主要基于如下两点理由：一是日本粮食生产所面临的人口、资源约束等问题与中国类似；二是日本在诸多不利于本国农业生产的约束条件下，通过诸多财政支粮政策实践促进国家粮食安全整体水平的提升，其政策经验值得深入探究。

一、日本财政支粮政策的演进历程

日本补贴政策的演进脉络与其工业化进程、国家粮食安全忧患意识、国际贸易规则等密切相关。从第二次世界大战结束至今，日本对本国粮食安全所采取的财政支持政策大致以 1961 年《农业基本法》颁布实施、WTO《农业协定》签署等为时间节点，呈现三个政策发展阶段。

（一）第二次世界大战后至 20 世纪 50 年代末，主要为稻米等主要粮食产品统购统销政策的运行调整期，政府主要实施有助于恢复粮食生产的公共服务政策

第二次世界大战结束初期，日本经济萧条，农业发展水平严重滞后，粮食极度短缺。为保障粮食供应，政府仍沿用 1942 年《粮食管理法》中规定的统购统销政策，对大米、小麦等粮食的管制直至 20 世纪 50 年代中期开始有所放松。这一时期，日本政府将有限的财政资金用于农业基础设施建设、农业科技研发推广应用、荒地开垦等农业公共服务领域，以扩大耕地面积，促进粮食生产。

（二）20 世纪 60～90 年代初，加大对主要粮食产品的价格支持力度，辅之以部分直接补贴政策，促进粮食生产及品种的多样化

日本政府于 1961 年颁布《农业基本法》，从而真正开始了财政支持粮食产业发展的进程。水稻是日本的主要粮食作物，日本于 20 世纪 60 年代初实施"生产成本及所得补偿法"，对稻米实施国家收购价政策。其中，稻米收购价主要由生产直接费用、间接费用及当时城镇产业工人收入综合而定。60 年代后期伴随日本经济的高速发展和产业工人收入的提升，日本稻米收购价亦不断提高。受稻米零售、批发"物价统一制"的影响，为保护水稻生产者积极性，实施高价收购低价出售的政策，出现购销价格"倒挂"的现象，相应的价差则通过政府补贴予以消化。此后，"政府米""自主米"并存"双轨"流通体制及 1984 年《粮食管理法》的修订，使得政府逐步放松对稻米等主要粮食作物的购销管制，原有的价格支持政策逐步转变为通过"粮食控制专项账目"补贴予以实施，相应的稻米收购价格支持政策（主要是购销价格差价补贴）延续至今。对大麦、小麦等粮食作物则实施最低保护价格保证政策，其运作机理类似于中国的粮食最低收购价政策。

伴随日本民众食品消费结构的升级，国内稻米需求量减少，生产大量过剩，政府财政负担增加。为解决上述问题，日本政府在 20 世纪 60 年代末 70 年代初实施"综合农业政策"，对粮食生产结构进行调整。具体讲：一是实施水稻转作补贴。该政策对在稻田种植其他非水稻粮食作物的生产者提供财政补贴，如改种大麦、小麦、大豆可获得 920 美元/公顷的基本补贴[①]。二是颁布"特种米奖励价格制"，对稻米实施优质优价政策。对种植政府规定优质稻米的农户，给予政府的奖励金，由此推动了水稻品种结构的优化及品质的提升。

---

① 王永春，王秀东. 日本的农业补贴——水稻［J］. 世界农业，2009（12）：27－29.

除上述财政支持政策外，这一时期日本政府针对农业金融机构发放补贴，鼓励其发放支农低息贷款；实施农田基本建设款项补贴，用于大型水渠等公共设施及各农场农田项目改造。同时，日本政府于 20 世纪 70 年代中期逐步开始海外农业投资步伐，将海外农业开发视为解决本国粮食安全问题的基本战略。

（三）20 世纪 90 年代中期至今，针对粮食等主要农产品的价格支持政策逐步减少，直接补贴、一般服务支持政策及海外农业投资项目全面实施

面对乌拉圭回合谈判《农业协定》的规制，日本政府从 20 世纪 90 年代中期起逐步削减主要针对农产品的价格支持政策。数据显示，2008～2020 年日本市场价格支持规模（MPS）占生产者支持估计（PSE）的比重由 84.87% 波动降至 76.33%[①]。同时，有针对性地实施部分直接补贴政策。如 2000 年起在山区半山区针对生产条件差且收入水平低的农户实施直接补贴政策，补贴金额原则上设定在山区半山区与平原地区粮食生产成本差异的 80% 范围内，且受补贴农户必须同时从事有助于自然环境保护及农业多功能性开发的相关活动；于 2010 年民政党执政时期实施户别收入补贴制度，包括对食用大米的固定补贴及价格变动补贴、有效利用水田的补贴、旱田作物补贴、规模扩大附加补贴、农地再生利用补贴及绿肥轮作附加补贴等，以提升日本粮食自给率。在一般服务支持政策中，日本着重加大对农业基础设施开发与维护和农业知识与创新体系的投资力度。根据 OECD 公布的数据，截至 2020 年上述两项支出在一般服务支持（GSSE）中累计占比达 95.58%，为一般服务支持项目的主要支出类型[②]。同时，日本政府对内更加注重粮食储备建设，对外则通过税收、金融、保险等制度支持本土企业涉足海外农业领域，以间接保障本国粮食安全。

二、日本现行财政支粮政策

受国内粮食安全战略及国际贸易规则的影响，20 世纪 90 年代中期至今，

---

① 根据 OECD Agricultural Policy Monitoring and Evaluation（2011～2021）整理计算所得。
② 根据 OECD Agricultural Policy Monitoring and Evaluation 2021 整理计算所得。

日本政府逐步减少对市场有扭曲作用的价格支持政策的运用，直接补贴、一般服务支持政策及海外农业投资项目全面实施。以下仅就部分对我国有借鉴意义的典型政策作一介绍。

（一）直接补贴政策

当前日本所实施的部分直接补贴政策强调与资源环境保护相挂钩，从而提高了财政资金使用效益。具体讲：一是为解决山区半山区农业生产成本高、收益小、劳动力外迁且耕地弃耕的问题，日本政府于 21 世纪初实施山区半山区直接补贴政策。针对稻田、旱地中不同倾斜度的耕地予以不同标准的补贴，坡度、倾斜度越高亩均补贴金额越大，以保障不同类型耕地农业生产者的收益。同时，山区半山区农户获取直接补贴的前提是必须从事有助于阻止放弃耕作、环境保护及农业多功能性发挥的活动，经过地方行政单位认定后方可获得有上限限制的补贴[①]。二是农地再生利用补贴。对于利用荒地、弃耕地从事粮食生产的享受旱田作物补贴的农户，可根据耕地质量及环境好坏获得标准不同的收入补贴。三是绿肥轮作附加补贴。对于采用绿肥作业的农户，则根据粮农实际种植面积予以补贴，用于激励粮食生产者采取绿肥作业，实现清洁生产，并最终提高耕地质量。此外，日本农业保险的财政补贴机制也相对健全且与美国较为类似，实施差异化的财政补贴，并对参保粮农缴纳保费、承保机构经营管理费用等提供补贴。

（二）主要一般服务支持政策

2015 年日本政府出台的《新粮食·农业·农村基本计划》提出将粮食自给率作为衡量粮食生产能力的指标，强调注重潜在的粮食生产能力而非高产量和高自给率[②]。由此，日本政府便更加注重对农业基础设施建设管护、农业技术研发推广应用、农业人才培育、耕地保护等的财政支持。例如，根据 OECD 数据库公布的数据，1996～2020 年日本用于农业基础设施开发与维

[①] 胡霞. 关于日本山区半山区农业直接补贴政策的考察与分析［J］. 中国农村经济，2007（6）：71－80.

[②] 王学君，周沁楠. 日本粮食安全保障策略的演进及启示［J］. 现代日本经济，2018（4）：69－84.

护、农业知识与创新体系建设的两项支出在一般服务支持（GSSE）中累计占比持续保持在94.29% ~97.41%区间，为一般服务支持项目的主要支出类型。其中，农业知识与创新体系的支持比重更是由4.29%上升至10.97%（区间最高点）[①]，从而有效夯实日本粮食生产的物质基础，提高粮食生产的抗风险能力，强化粮食供应的科技支撑。此外，日本政府注重对青年农民的培育扶持。为确保青年农民稳定从事农业生产，规定其在5年期限内可享受到政府提供的每年150万日元标准的补贴，同时提供用于青年农民研修的准备型直接补贴，在2年的享受范围内通过接受培训教育进而提升自身经营管理水平和技术水平[②]。当然，日本政府亦给予农业教育培训机构财政支持，用于购置农业教学设施、提升教育培训水平。

（三）海外农业投资支持政策

为开拓国外粮食进口来源，构建多元化的粮食进口通道，日本政府将海外农业投资项目作为保障国家粮食安全的战略选择。2009年日本提出应逐步加大海外粮食储备及海上运输基础设施投资，2011年则确定"官民一体"的海外农业投资模式，政府主要致力于为企业海外投资营造良好的政策支持环境。首先，日本政府对有意愿开展海外农业投资的企业提供50%的调查费用补贴，并设立海外农业财政开发基金，为海外农业开发企业提供外汇及长期低息贷款支持；其次，与海外投资国签订税收协定，避免双重课税，并通过系列税收优惠政策减轻投资企业税收负担；最后，日本以政府财政为支撑，为海外农业投资企业提供包括战乱保险、外汇保险等在内的保险项目，降低日本企业对外投资的经营风险预期。通过上述举措，促进本国企业在南北美洲、亚洲、欧洲等地建立海外农场，充分利用海外农业资源保障本国粮食安全。

三、日本财政支粮政策的基本特征

面对国内人多地少、农业资源约束显著的现实矛盾，日本政府以强化国

---

① 根据 OECD PSE/CSE Database 2017 及 Agricultural Policy Monitoring and Evaluation 2021 整理计算所得。

② 蔡鑫，陈永福. 日本农业补贴制度安排、绩效及启示［J］. 农村经济，2017（2）：123 - 128.

内粮食生产、海外农业投资为战略指导，通过相应的财政支持政策有效保障了本国粮食安全，并呈现如下基本特征：

一是逐步减少价格支持规模，注重实施财政一般服务支持政策。根据OECD 对日本农业支持政策的监测，日本主要农产品价格支持政策规模波动降低，以减少对市场的扭曲。同时，日本政府对于一般服务支持政策的投入规模占农业总体支持规模（TSE）的比重则由 20 世纪 80 年代中期的 16.3% 升至 2020 年的 21.4%[①]，尤其是其中的农业基础设施开发与维护、农业知识与创新项目更是长期居于主体性地位，从而夯实了国内粮食生产的基础，以科技创新有效支持了本国粮食生产。

二是强调直接补贴获取与资源环境保护相挂钩。日本政府所实施的山区半山区直接补贴、农地再生利用补贴、绿肥轮作附加补贴等均注重与农户的资源环境保护行为相挂钩。如此设计既能够引导粮农实施有益于粮食可持续生产的绿色生产行为，又能够提升直接补贴资金的使用效益。

三是注重充分利用国内、国外两个市场。受国内地域面积、资源约束等因素的影响，除巩固国内粮食基本供给外，日本政府注重利用海外农业资源。通过系列财政支持政策鼓励本国企业赴海外开展农业投资和粮食储备项目，拓宽粮食进口渠道及储备空间，助力本国粮食安全战略的实现。

第三节　印度粮食安全的财政保障政策

截至 2021 年 8 月，印度共有总人口约 13.9 亿，为仅次于中国的世界第二人口大国；农业人口约为总人口的 70%，系典型的农业大国。国土面积为298 万平方公里，人口密度为 466 人/平方公里，其中平原面积约为 40%，耕地面积约为 1.8 亿公顷，约为世界可耕地面积的 10%，仅次于美国；其人均耕地面积约为 0.12 公顷，略高于中国人均水平[②]。印度大部分区域为热带季风气候，3～5 月为旱季，6～10 月为雨季，全国约 40% 地区年均降水量在

①　根据 OECD Agricultural Policy Monitoring and Evaluation 2021 整理所得。
②　根据中华人民共和国外交部公布数据整理所得。

1500 毫米以上,境内多适宜农业生产的冲积土及热带黑土等肥沃土壤,是世界产粮大国和粮食出口国。受西南季风不稳定等因素影响,印度水旱灾害频发,从而加剧了粮食生产的不稳定性。事实上,中国农业与印度农业有着诸多相似之处。从宏观上看,中印两国同为转型中的人口大国,均面临着促进农业、农村发展,改善农民生活的问题。从微观上看,人均耕地资源稀缺、以分散经营为主的农业生产组织形式、农业资源禀赋劣势凸显等均为制约中印两国农业发展、农村稳定和农民增收的共同性因素。因此,有必要对印度粮食安全的财政保障政策予以分析、借鉴,继而为我国提供有益启示。

一、印度财政支粮政策的演进历程

自 1947 年印度独立至今,粮食安全和贫困问题是印度政府长期以来面临的两大严峻挑战。印度政府所实施的农业发展战略及所采取的财政支持政策,也是紧密围绕着上述两大问题予以制定。从总体上看,印度财政支粮政策共经历了四个阶段,即:全面发展农业阶段、绿色革命阶段、市场化改革阶段和第二次绿色革命阶段。从纵向上看,印度财政支粮政策的不同发展阶段之间是相互联系、彼此促进的。

(一)印度独立至 20 世纪 60 年代末为"全面发展农业"阶段,主要通过最低支持价格 (MSP)、缓冲库存储备 (BSO) 和公共分配系统 (PDS) 对粮食生产及消费予以补贴

印度自独立以来,农业政策一直以实现粮食自给,按可以接受的价格向消费者提供基本食品为目标。这一时期印度农业支持政策的重点主要表现在三个方面:一是变革农村生产关系,大力发展农业生产。通过废除制约农业生产力发展的"柴明达尔"土地所有制,规定土地持有最高限额,从而在一定程度上改变了农村生产关系,为农业生产的发展奠定了基础。二是 1965 年成立印度农产品价格委员会(1985 年更名为"农产品成本和价格委员会")和印度食品公司(Food Corporation of India,FCI),并建立粮食收购存储系统(缓冲库存储备,Buffering Stocking Operations)和公共流通管理系统(公共

分配系统，Public Distribution System）。其中，印度农产品价格委员会和印度食品公司主要负责粮食支持价格的制定和具体执行，未纳入最低支持价格（MSP）涵盖范围的农产品则受到印度政府的"市场干预计划（MIP）"的支持，而缓冲库存储备和公共分配系统通过调节市场粮食供应，以按合理价格向消费者提供粮食。具体讲，一方面，为刺激农民从事农业生产的积极性和保障消费者的粮食购买能力，粮食的定购价格一般都会高于市场价格，而各邦政府从中央仓库购买的粮食价格又低于定购价格。对于印度食品公司而言（FCI），这一过程以及粮食的储藏、运输等所发生的费用均需要政府进行补贴；另一方面，各邦政府通过辖区中平价商店网络向消费者分配粮食过程中所发生的费用也需要政府提供财政补贴。三是政府对农业基础设施进行投资，以扩大粮食种植面积，推行农业增产运动。由于该阶段印度农业支持政策涉及生产关系的变革和生产力的发展，且印度政府通过为农业发展提供较为有利的财政支持，实施全面控制，故称为"全面发展农业"阶段。

（二）20世纪70~80年代末为"绿色革命"阶段，增加对农业科技等一般服务支持项目、农业投入品及农业信贷保险的补贴

20世纪60年代初印度国内爆发全国性的饥荒，使得社会各界更加深刻地认识到粮食的战略性地位和意义，一场以科技为导向以"绿色革命"为中心的农业支持政策逐渐开展起来。主要表现在如下几个方面：一是建立健全农业科技研究、推广、应用及支持体系，包括部门设置、经费保障、税收和用地优惠等，促进高产品种的研发应用与推广；二是政府负担农村基础设施投资，且从20世纪70年代开始，通过设立地区农村银行，为信贷服务薄弱地区的贫苦农户提供信贷支持，并提供利率优惠；三是自20世纪80年代起对化肥、农机、灌溉和电力等生产资料进行价格补贴；四是继续实行最低支持价格（MSP）政策，原有的主要针对大米、小麦和玉米实行的最低支持价格政策也逐渐将其覆盖范围扩展到包括豆类、棉花、花生、芝麻等26种主要农产品；五是支持农业合作社的发展，以提升农民抵御各种风险的能力。此后，在"绿色革命"取得初步成效的基础上，印度政府进一步实施了旨在发展奶牛生产的"白色革命"和发展渔业的"蓝色革命"。到20世纪80年代中期，印度成为粮食基本自给且略有出口的国家，并成为畜牧、牛奶、糖

类、蔬菜等生产大国。

（三）20 世纪 90 年代至 21 世纪初为"市场化改革"阶段，反复调整财政支持政策

1991 年印度拉奥政府开始推行自由化、市场化和全球化的经济政策。1995 年印度加入世界贸易组织后，开始在 WTO 框架规则下对本国的农业政策进行调整。首先，积极促进农业市场化进程，更多地运用市场机制再发调节刺激农业生产，逐渐削减对农业的优惠信贷政策，逐步减少对农业投入物的补贴；其次，调整粮食保障政策，通过出口优质粮食赚取外汇以进口更多粮食，使得粮食保障体系既经济又能长期保持；最后，在 WTO 农业协议框架内，加大对农业的支持力度，尤其是加强和改善农业与农村的基础设施，从而在 WTO 农业协议框架内，形成符合本国国情的农业支持体系。在"市场化改革"和 WTO 相关农业协议框架的约束下，印度政府开始大幅削减农业补贴。但随后迫于粮食安全形势及国内政治压力，政府对农业的补贴不降反升①。在具体的补贴项目上，政府对农业生产投入品的补贴、维持最低支持价格（MSP）的补贴、用于一般性服务的财政投资以及农业信贷支持政策等仍旧存在。

（四）21 世纪初至今为"第二次绿色革命"阶段，注重对农业科技研发推广应用及农业基础设施的财政支持

相对于 20 世纪 60 年代开始的"绿色革命"，印度农业的"第二次绿色革命"是以新技术为主导、以政府投资为导向的综合开发战略。由于"绿色革命"中印度的谷物生产技术并没有明显的发展，因而推行"第二次绿色革命"的重要内容之一便为大力研发、推广农业现代科学技术，培养农业科技人才，种植高价值农作物，从而增加农民的就业和收入。如 2005 年 5 月，印度成立国家园艺委员会（NHM），负责发展农业多种经营。此外，为克服化肥与种子在促进粮食增产方面的不足，印度政府致力于通过农业新科技来推动农业生产发展。同时，着力于完善从农业科研所、大学到农户这一农业

---

① 董运来，余建斌，刘志雄．印度农业贸易自由化改革——基于粮食安全的视角分析 [J].中国农业大学学报（社会科学版），2008（3）：161－170.

科技的推广体系，真正提高农民的科学生产的素质。在支农资金的投入方面，在继续加大农业资金投入的同时，积极引导社会投资，以发挥财政资金的引导作用和乘数效用；在农业基础设施方面，印度政府在落后地区实施"发展特别计划"，着重修筑公路、建设电网通信网，并在全国范围内大力开展水利水电建设，以夯实粮食生产的基础。

二、印度现行财政支粮政策

经过 70 余年的发展，印度财政支粮政策在实践中得到不断的检验和完善，并最终形成了以价格支持、化肥补贴及政府一般服务支持为主的财政支粮政策格局。根据印度政府公布的数据，1950～2020 年印度水稻产量由2058 万吨增长至 11843 万吨，小麦总产量由 646 万吨增长至 10759 万吨[①]。可以说，印度自独立至今，水稻、小麦均实现整体上的稳定增长。且从 1990年开始，印度已经逐渐成为一个以粮食为主的主要农产品净出口国，这与印度多年来所实施的财政支粮政策密切相关。

（一）粮食价格支持政策

为确保粮食的有效供给，印度政府实施了多种价格支持政策，主要包括生产者价格支持政策和消费者价格支持政策。前者主要通过最低支持价格（MSP）和缓冲库存储备（BSO）对粮食生产者施加影响；而后者主要通过定向公共分配系统（TPDS）对粮食消费者发挥作用。两种政策发挥作用的关键在于政府对粮食价格给予支持，对粮食产品价格的差额部分进行财政补贴。具体流程如图 5－1 所示，印度粮食最低支持价格政策包含两个主要目标：其一，通过对农产品的支持价格定购以提高农户生产积极性，确保农民获得稳定的收入，即为生产者价格支持政策；其二，通过政府的财政补贴保证以合理的价格向公众提供足够的农产品供应，即为消费者价格支持政策。在政府实施价格支持过程中，首先，印度农产品成本和价格委员会根据粮食

---

① 数据源于 Agricultural Statistics at Glance 2016，部分数据根据印度农业和农民福利部公布的数据整理所得。

生产成本，结合工农产品、作物之间的比价、供需状况及农民的合理利润等因素，向政府提供粮食定购的价格建议，经政府有关部门确认后被确立为最低支持价格。其次，印度食品公司根据最低支持价格收购农产品，然后经过缓冲库存储备后以中央发行价格向各邦政府销售农产品。值得一提的是，印度食品公司在收购农产品过程中发生的费用，包括各类税费、佣金、运费、储藏费用等，一同构成粮食收购的成本价格，而中央发行价格则低于农产品收购成本，两者差额由政府进行补贴。最后，在通过定向公共分配系统向消费者提供农产品过程中，通过政府提供财政补贴并采取差别价格待遇，使得高于贫困线的家庭以高价格购买；而低于贫困线的家庭以较低价格购买农产品，从而确保不同收入阶层均能够得到相应的粮食供应。

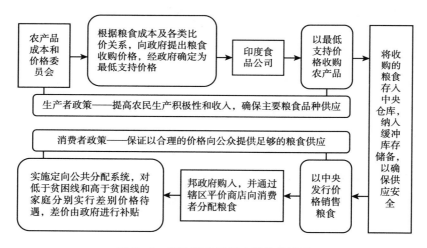

图 5 - 1　印度粮食最低支持价格流程

如表 5 - 3 所示，2002～2020 年，印度政府对普通稻谷所实施的最低支持价格由 530 卢比/百公斤持续上升至 1815 卢比/百公斤，增幅达 242.45%；对玉米所实施的最低支持价格由 485 卢比/百公斤持续上升至 1760 卢比/百公斤，增幅达 262.89%；对小麦所实施的最低支持价格由 620 卢比/百公斤持续上升至 1925 卢比/百公斤，增幅达 210.48%；对大麦所实施的最低支持价格由 500 卢比/百公斤持续上升至 1525 卢比/百公斤，增幅达 205%。显然，印度政府 2002～2020 年用于主要粮食最低支持价格的支出规模均在不断增长。

表5－3　　印度主要粮食产品最低支持价格：2002～2020年　　　　单位：卢比/百公斤

年份	稻谷（普通类）	玉米	小麦	大麦
2002～2003	530	485	620	500
2003～2004	550	505	630	525
2004～2005	560	515	640	540
2005～2006	570	540	650	550
2006～2007	580	540	750	565
2007～2008	645	620	1000	650
2008～2009	850	840	1080	680
2009～2010	950	840	1100	750
2010～2011	1000	880	1120	780
2011～2012	1080	980	1285	980
2012～2013	1250	1175	1350	980
2013～2014	1310	1310	1400	1100
2014～2015	1360	1310	1450	1150
2015～2016	1410	1325	1525	1225
2016～2017	1470	1365	1625	1325
2017～2018	1550	1425	1735	1410
2018～2019	1750	1700	1840	1440
2019～2020	1815	1760	1925	1525

资料来源：Agricultural Statistics at A Glance 2010；Agricultural Statistics at A Glance 2011；Agricultural Statistics at A Glance 2016；Agricultural Statistics at A Glance 2019.

（二）投入品补贴

为进一步改善农业生产条件，提高农业生产效率，保障粮食等主要农产品供应，自20世纪80年代开始，印度政府对部分农业生产投入品采取直接补贴政策，如化肥补贴、电力补贴等。根据WTO《农业协议》的相关规定，投入品补贴属于对生产和贸易具有扭曲作用的"黄箱"中非特定产品支持政策，需要进行削减，但由于印度非特定产品的支持水平低于农业总产值的10%的微量允许水平，故而这部分无须进行削减[①]。由此，化肥补贴、电力

[①]　董运来．印度粮食安全政策及其对我国的经验借鉴［J］．经济与管理研究，2009（3）：92－98.

补贴政策便成为印度现行农业补贴架构中的重要组成部分。

由于政府对化肥生产企业、进口商，包括对化肥运输费用、进口价和零售价差价进行补贴，使得农民可以按照化肥实际成本的 25% ~40% 购入化肥用于粮食生产。数据显示，1990~2015 年印度化肥补贴总额由 440 亿卢比上升至 7297 亿卢比，26 年间增长了 15.58 倍。尽管其占印度当年中央及地方财政支出的比重由 2.82% 下降至 1.92%，但从总体上看印度化肥补贴仍为其农业投入品支持政策的重要构成[1]。此外，印度的农业电力补贴主要用于弥补供电成本和农户缴纳电费之间的差额。生活在贫困线以下的农民可以免费用电；而其他农民农业用电免费，生活用电则可以享受一定的优惠。农业电力补贴对于印度农业生产、农民生活均有着重要的意义[2]。数据显示，2000~2015 年印度用于电力项目的投资规模由 1693.8 亿卢比上升至 13495.4 亿卢比，从而有效保障农业生产各类用电需求。

（三）注重对农业基础设施、农业科技及农业合作组织等的扶持

印度政府对农业领域进行的公共性投入主要表现为对农业基础设施投资、对农业科研开发推广应用的支持、对农业合作组织的援助、扶贫及农村综合开发计划等，上述财政支出项目均属于 WTO《农业协定》中的"绿箱"政策，无须削减。

在农业基础设施方面，农业灌溉设施、农村道路、农业电力设施等农业基础设施的建设对于减轻农民负担、夯实农业发展基础、提高农业竞争力和粮食等主要农产品产量均有着重要的促进意义。如表 5-4 所示，1990~2016 年印度用于大中型灌溉工程的财政支出由 327.8 亿卢比增长至 5127.1 亿卢比，约增长 14.64 倍；用于小型灌溉工程的财政支出由 148.2 亿卢比增长至 1624.7 亿卢比，约增长 9.96 倍；道路及桥梁建设支出由 348.9 亿卢比增长至 16080.7 亿卢比，约增长 45.09 倍。总体上看，2015~2016 年印度政府用于灌溉工程及道路与桥梁等基础设施方面的投资约为当年印度财政支出总额的 6.01%；在粮食存储方面，1990~2016 年粮食存储项目支出由 17.8

---

① 根据 Indian Public Finance Statistics（2015~2016）整理计算所得。
② 王军杰. 印度农业国内支持制度的完善及对我国的启示 [J]. 农村经济，2011 (8)：126 - 129.

亿卢比增长至 1063.6 亿卢比，约增长 58.75 倍；在农业科研研发推广及应用方面，数据显示 1990～2016 年印度政府用于科学研究服务方面的支出规模由 134.8 亿卢比增长至 2673.6 亿卢比，期间增长了约 19 倍。尽管科学研究服务支出中包括用于城市科研服务的支出，但可以说，印度政府用于科学研究服务支出的不断增长为农业科学领域人才的培养以及农业科研的开发与推广奠定了较好的基础，在相当程度上助推了印度粮食生产效率的提升及粮食生产的可持续发展；在农业合作组织援助方面，印度政府采取"民办官助"的形式对农业合作组织予以扶持，包括农业培训及在生产、加工领域的补贴、资金援助等，尤其是对农业加工企业，印度政府更是给予重点支持，以充分发挥其"承前启后"的促进作用，保障印度粮食安全。

表 5-4　　　印度中央及地方 1990～2016 年主要一般服务支持项目投资　单位：亿卢比

年份	大中型灌溉工程	小型灌溉工程	道路及桥梁	粮食存储
1990～1991	327.8	148.2	348.9	17.8
2000～2001	1207.1	288.9	1937.4	48.9
2007～2008	3079.3	669.5	5527.7	89.2
2008～2009	3268.4	763.4	6372.2	87.5
2009～2010	3460.6	1009.4	7438.9	114.8
2010～2011	3467	1212.6	9532.2	118.1
2011～2012	3632.8	1304.5	9679.7	147.6
2012～2013	3851.4	1277.3	9596.6	157.4
2013～2014	3828.1	1242.8	12052.7	416.3
2014～2015	4449.1	1638.3	13770	643.7
2015～2016	5127.1	1624.7	16080.7	1063.6

资料来源：Indian Public Finance Statistics（2015～2016）。

三、印度财政支粮政策的基本特征

对印度粮食安全的财政保障政策系统梳理后发现，其财政支粮政策存在如下两方面特征：

一方面，仍然注重粮食价格支持政策的运用。印度综合运用最低支持价格（MSP）、缓冲库存储备（BSO）和公共分配系统（TPDS）对粮食生产者和消费者给予价格支持，差价部分由财政予以补贴。如此既激发了粮食生产者的生产积极性、促进了国内粮食生产，又可通过公共分配系统（TPDS）对不同经济水平的居民实行差别价格待遇，确保贫困者对于农产品在经济上的可获得性；而缓冲库存储备（BSO）政策则增加了农户对于农产品在物质（库存）上的可获得性。同时，表5-3所展现的印度主要粮食作物最低支持价格逐步提升的变动趋势也印证了这一点。

另一方面，逐步强化重点一般服务支持项目的实施。印度针对农业基础设施及科技研发推广应用的财政支持对于本国粮食安全同样意义重大。政府对于农业基础设施建设的投资在一定程度上间接减轻了农民从事农业生产的负担，提升其从事农业生产积极性，并为印度农业的持续发展奠定坚实的物质基础；而农业科学技术的研发、推广和应用可有效地转变农业生产方式，由原始的依靠多投入实现高增长的传统型农业向以依靠生产方式的优化、生产资料使用效率的提高以及生产组织形式的科学化为标志的现代型农业转变，从而提高了印度粮食等主要农产品的国际竞争力。

第四节　美国、日本、印度财政支粮政策对中国的启示

尽管各国在自然资源环境、经济发展水平、政治及社会文化环境等方面存在较大差异，但无论是已完成工业化的发达国家（如美国、日本等）抑或是尚处于工业化进程中的发展中国家（如印度等），其保障本国粮食安全的财政政策调整历程及一般经验均值得中国予以辩证借鉴。通过分析美国、日本及印度三国保障国家粮食安全的财政政策，可得到如下启示。

一、保留对主粮的价格支持，但应逐步调整以减少市场扭曲

价格支持政策对于提高粮农种粮积极性、促进粮食生产发挥着重要作用。纵览美国、日本及印度财政支粮政策，均保留对主粮抑或关键粮食作物

的价格支持。以美国为例，尽管 1990～2019 年美国市场价格支持（MPS）占农业支持估计（TSE）的比重由 27.38% 整体波动下降至 9.81%[①]，但美国仍对小麦、玉米、高粱、大麦、燕麦、大米等实施必要的价格支持。同时，日本、印度亦通过购销价格差价补贴、最低支持价格（MSP）等财政支持方式扶持本国主粮生产。但值得注意的是，上述价格支持政策均会对市场造成扭曲。应借鉴美国的价格损失补贴项目（PLC），对各主要粮食品种设立参考价格，各粮食产品随行就市。当市场价格低于有效参考价格时则向粮食生产者提供补助，实现"价补分离"，进而避免传统的最低收购价政策对粮食市场的直接性干预，减少了市场扭曲。因此，针对国内关键性粮食作物可实施价格支持政策。但长期而言，应推进该项政策的调整转型以减少市场扭曲。

二、实施"绿色补贴"项目，注重保护资源与环境

环境的"绿色补贴"项目可有效保护区域资源与环境，促进粮食生产可持续发展和粮食质量的提升。就美国而言，早在 1985 年美国农业法案中即有关于资源、环境保护的财政支持条款，随后历次农业法案的修订均注重将资源节约、环境保护、食品安全保障与补贴获取强制性挂钩，推行"绿色补贴"项目。如直接补贴、反周期补贴或平均农作物收入选择补贴的获得必须符合《美国 1985 年食品安全法》及 2008 年农业法案中对于水土保持、湿地保护及生产弹性的相关规定，且接受补贴的农业生产者应自觉履行所属区域资源环境保护，经提交报告并验收通过后方可获取补贴[②]。此外，2018 年的新农业法案较之于 2014 年美国农业法案更是强化了对资源环境的保护。在支持规模上，2018 年农业法案继续加大对资源环境保护项目的扶持力度。该项支出在农业法案全体支出项目中所占比重由 2014 年农业法案中的 6% 上升至 7%；在资金使用方向上，主要用于保护储备计划（CRP）、保护管理计划（CSP）、环境质量激励计划（EQIP）、农业保护地役权项目（ACEP）和区域

---

① 根据 OECD PSE/CSE Database 2017 及 Agricultural Policy Monitoring and Evaluation 2021 整理计算所得。

② 侯石安. 农业补贴的国际比较研究 [M]. 北京：中国财政经济出版社，2013：139.

保护合作项目（RCPP）等，进而在发展粮食生产的同时保护资源与环境，提升粮食生产的可持续性。就日本而言，其山区半山区直接补贴政策的获取前提是从事有助于环境保护及农业多功能性发挥的活动；而农地再生利用补贴、绿肥轮作附加补贴等的获取同样与是否采取绿色清洁生产相挂钩。

三、注重对新型粮食经营主体的财政扶持

美国、日本及印度均注重对种粮大户、家庭农场、农业合作社及农业龙头企业等新型粮食生产经营主体的财政扶持。该现象在地广人稀的美国地区相对普遍，故而其农场主普遍享受较好的"政策红利"；就日本而言，其山区半山区直接补贴政策则明确规定对实施规模化经营的粮农给予加计补贴，而规模扩大奖励补贴则更加提升了规模经营者的积极性和稳定性；就印度而言，其对农业合作组织及农业加工企业的扶持、补贴可增强单个粮农的抗风险能力和市场营销能力，促进粮食生产、加工及销售一体化，促进粮食产业协调发展。

四、加大对重点一般服务支持项目的供给

美国、日本及印度均注重重点性一般服务支持项目的供给，如农业基础设施、农业科技研发与推广、耕地治理等。例如，美国政府通过财政直接投资助力农业基础设施、研发与推广、农民培训、检验检疫、营销服务等农业公共服务项目的发展。1990～2019年美国一般服务支持（GSSE）项目支出在农业支持估计（TSE）中所占比重由7.89%上升至10.8%[①]。该类支出属于WTO《农业协定》中"绿箱"支持范畴，不受限制，且有助于夯实农业发展的基础，促进粮食数量、质量安全的提升，并有助于实现农业的可持续发展。同样，日本亦注重对农业基础设施及农业技术研发推广应用的财政投资。自20世纪90年代中期至今，日本用于上述两大项目的财政支出占一般

---

① 根据 OECD PSE/CSE Database 2017 及 Agricultural Policy Monitoring and Evaluation 2021 整理计算所得。

服务支持项目总支出比重均保持在 90% 以上。此外，印度 2015 年用于水利工程及道路桥梁等基础设施方面的投资规模即已达当年本国财政支出总额的 6.01%，从而切实夯实了国内粮食生产的基础。

五、通过立法形式保障财政支粮政策顺利实施

美国、日本注重通过农业立法，以保障各项财政支粮政策的实施。以美国为例，纵览 20 世纪 30 年代至今美国农业支持政策的演进历程可以发现，自美国 1933 年《农业调整法》出台实施至 2018 年《农业提升法案》的推出，美国累计出台 18 部法案，如 1985 年的《农业安全法案》、1995 年的《联邦农业促进与改革法案》、2008 年的《食品、自然资源保护及能源法》、2014 年的《食物、农场及就业法案》及现行的 2018 年《农业提升法案》等。不同于行政手段，上述农业法案对相关农业支持政策、执行机构职责、预算规模及执行监管等进行明确规定，继而以法律硬性约束的形式强力保障各项政策的规范实施，保证财政支粮政策的有效性和稳定性。

完善中国粮食安全财政保障政策的对策建议[*]

　　中外历史上诸多大饥荒事件及其恶劣后果已充分显示粮食安全之于一国（或地区）经济发展、政治稳定的极端重要性。作为各国共有的政治经济选择，财政支粮政策应根据经济社会发展需要不断完善，以确保其保障粮食安全政策效应的充分释放。结合中国当前粮食安全及财政形势，本书认为财政保障国家粮食安全的整体思路应为：以保障国家粮食安全及粮农增收为目标，以农业供给侧结构性改革为契机，以不同类型财政支粮政策为抓手，坚持以市场导向、量力而行、效率公平及统筹协调为原则，综合利用价格支持政策、挂钩直接补贴政策、一般服务支持政策，辅之以部分配套财政支持政策，共同构建财政保障国家粮食安全的政策框架。其中，现阶段应以价格支持政策为基础并不断完善，待条件成熟时则需推进价格支持政策向目标价格政策转型；挂钩直接补贴政策应具备明确的政策指向和获取前提，以促进补贴效应的充分释放；一般服务支持政策多为不受限制的"绿箱"政策，应广为拓展充分使用，夯实中国农业发展的基础，落实"藏粮于地""藏粮于技"战略，并最终促进粮食增产、粮农增收及粮食产业的可持续发展。

---

　　[*] 本章部分内容曾发表于《改革》（2019 年第 11 期）、《价格月刊》（2020 年第 6 期）、《贵州社会科学》（2021 年第 5 期）、《地方财政研究》（2021 年第 11 期）、《财政监督》（2019 年第 11 期）。

第一节　逐步推进价格支持政策调整转型

就中国而言，2014～2021年历年中央"一号文件"均明确提出完善、改革粮食等重要农产品价格形成机制、收储制度及收购政策。由于中国于2016年改玉米临时收储为生产者补贴制度，对优势产区玉米生产者进行直接补贴，故当前价格支持政策的调整转型主要涉及针对小麦、水稻的粮食最低收购价政策。由于小麦、水稻两大关键性口粮关乎国计民生，且最低收购价政策实施时间长，粮农政策依赖性强，故对该项政策的改革应采取渐进式推进方式。借鉴美国等发达国家及地区财政支粮经验，中国短期仍应坚持并调整粮食最低收购价政策；长期则逐步推进其向目标价格政策转型，实现"市场定价、价补分离"。由此，既可减少粮食最低收购价政策对市场的直接干预和扭曲，又可推进粮食供给侧结构性改革，减轻"三高"并存压力，化解粮食结构性矛盾，并保障农民种粮收益及积极性。

一、短期仍坚持并调整粮食最低收购价政策

出于对口粮极端重要性、粮食最低收购价政策"保收入、促增收"作用显著、政策实施周期长、粮农依赖性强及维护粮食市场稳定等因素的考量，短期内仍应继续坚持并调整小麦、水稻最低收购价政策。具体讲：第一，短期内应结合粮食储备量、成本价格、社会平均利润及国际粮价等因素合理调整最低收购价水平，且近两年应保持平稳或分品种略有下调，以稳定粮食市场，释放改革信号；第二，提升小麦、水稻等粮食收购质量等级标准，引导粮农重视采取有益生产方式提高粮食质量；第三，推进实施粮食优质优价收购政策。对诸如一级稻、优质麦等制定高于普通粮食的托市收购价格，通过"绿色通道"托市收购，以引导粮农优化粮食种植结构，策应粮食供给侧结构性改革。

二、长期逐步向目标价格政策转型，实现"价补分离"

粮食最低收购价政策被赋予较多职能，且对市场产生较为严重的扭曲。

在充分试点、总结经验的基础上，长期应推进其向目标价格政策转型，实现"价补分离"。为实现政策的平稳过渡，应通过如下两个阶段予以逐步推进。

第一阶段，推进粮食最低收购价政策向"托底收购，价补分离"转变。现行的粮食最低收购价格内含"保成本"和"保收入"两大构成。在保持政策架构基本稳定的前提下，根据"价补分离"原则，可尝试将原粮食最低收购价中"保收入"部分分离，将最新的粮食最低收购价格调整至保生产成本水平，坚持优质优价，仅弥补粮农的种粮成本，并为粮农卖粮提供"托底收购"。由此，相对较低的粮食最低收购价格可在一定程度上缩小国内外粮价差距，减轻粮食加工企业成本及粮库存储压力；另外，"保收入"部分可转化为补贴的形式以粮食实际种植面积为依据直接发放给粮食实际种植者，亦可并入现行"耕地地力保护补贴"当中，引导粮农从事有利于地力保护的粮食生产行为。

第二阶段，推进"托底收购，价补分离"模式向目标价格政策转型。"托底收购，价补分离"模式下最低收购价仍会干预粮食市场价格。相比而言，目标价格政策是在市场形成粮食价格的基础上，通过设立目标价格，并与市场价格相比较。当市场价格低于目标价格，则政府依据差价及粮食种植面积、产量或交售量等因素对粮农予以差价补贴；当市场价格高于目标价格，则不对粮农予以补贴。推进粮食最低收购价向目标价格政策转变理由如下：一是目标价格公布于种植初期，既可对市场价格和粮农生产产生间接引导作用，又可避免最低收购价对市场价格的直接性干预，鼓励多元市场主体入市收购；二是目标价格政策实现"价补分离"，将粮价逐步推向市场，为国内粮食价格下行提供空间，缩小国内外粮食价差，降低下游加工企业生产成本，减轻国有粮库库存压力和粮食进口压力，继而有助于破解"三高"并存难题；三是目标价格政策在减轻市场干预的同时可通过差价补贴保障粮农收益水平，稳定其种粮预期及积极性。根据东北大豆、新疆棉花目标价格政策实施中所总结的经验，粮食目标价格政策的实施应注意如下几点：其一，在目标价格的确定上，应按照粮食生产成本加合理收益确定。由于各地区不同品种粮食作物生产成本存在差异，故目标价格的确定不应"一刀切"。可分区域、分品种确定，并于不同粮食播种期前公布；其二，在市场价格确定上，可在掌握各地区不同粮食品种企业平均收购价格的基础上，扣减中间运输费用及粮食经纪人自留利润，以避免对粮农利益造成"挤出"；其三，在目标价格补贴方面，一是以粮食实际种植者为补贴对象，二是以土地确权后耕地实际经营者的粮食实际种植面积为补贴依据，三是应通过科学测算与试点确保补贴后粮农亩均净利润不低于最低收购价政策所引致的收益水平。

三、注重粮食生产及流通信息平台建设，助力政策调整转型

粮食生产及流通环节信息平台建设是最低收购价政策调整转型的技术支撑。一方面，要完善粮食生产信息平台。尤其是应逐步建立粮食种植面积基础数据库及土地空间信息管理系统，辅之以卫星遥感等现代技术，保障政策转型后目标价格补贴工作的精准实施，相关费用可由中央财政予以列支；另一方面，要加强粮食流通信息平台建设，健全国内外粮食供求、交易、价格等信息收集、发布及市场监测预警体系，以实现信息对称引导粮食生产及流通。在此基础上，要健全粮食价格监测预警机制。在粮食最低收购价政策调整期，当市场价格低于最低收购价时，启动收购预案；当市场价格高于收购价格时，立即停止入市收购，发挥粮食最低收购价政策"托市收购"而非"敞开收购"功能。同时，在目标价格政策试点及全面实施期，应做好市场价格的监测与目标价格的制定，从而科学确定补贴规模，保障粮农收益。

第二节　系统优化挂钩直接补贴政策

挂钩直接补贴政策是当前中国所实施的增强农业综合机械化水平、引导地力维护、促进规模经营、减少风险损失继而保障粮农收益及粮食安全的重要政策工具。综合中长期我国粮食安全形势、既有挂钩直接补贴政策存在的问题及WTO贸易规则等因素，应通过如下路径系统优化挂钩直接补贴政策，以促进补贴效应的有效释放。

一、调整农机具购置补贴政策，提升粮食综合机械化水平

对农机具购置补贴而言，一是持续实施农机具购置补贴政策，注重对粮

食主产区的倾向性扶持。二是对支持农业绿色发展的农机设备，诸如高效施肥、高效植保、节水灌溉、残膜回收、畜禽粪污资源化利用等农机，应纳入补贴目录，对自有财力较强的省份则可实行敞开补贴。同时，对市场已饱和、市场价格已下降的农用机具应降低补贴额度，以支持关键生产环节的敞开补贴项目和紧俏补贴机具项目。三是要构建"自下而上"的农机购置补贴机制，重视农户的需求偏好及区域生产实际（种植环境、农艺操作等），试点由农民所在的村集体或专业合作社统一申报后由政府统一采购，提高补贴资金使用效益。四是提前至每年2月底启动农机购置补贴工作或1~3月继续沿用上年农机具购置补贴方案和补贴信息管理系统，4月后启动当年农机购置补贴工作，以此实现农机补贴与粮食生产准确对接，确保粮农春耕生产的需要。五是对因资金限额而当年未获得补贴的购机农户，应在次年予以优先补贴，并对当年获得补贴的涉粮主体予以充分、广泛的公示公开。六是财政可采取贷款贴息等方式对涉粮主体（尤其是规模经营主体）购置农用机械予以金融贷款支持，以减轻其全价购机的支出压力。

二、完善农业支持保护补贴，鼓励"藏粮于地"和适度规模经营

就农业支持保护补贴政策而言，其政策初衷是耕地地力保护与促进粮食适度规模经营。围绕该目标，应做如下优化：第一，用于耕地地力保护的农业支持保护补贴应以实际种地面积为补贴依据，强调"谁种地养地补给谁"。在此基础上，建立健全可操作性强的耕地地力保护指标体系、考核标准及行为指南，将补贴的获取与耕地地力保护、农业生态环境保护相挂钩，经乡镇农业部门统一组织认定通过后方可发放。同时，可有效引导粮农落实"藏粮于地"战略，增强粮食生产能力。第二，用于支持粮食适度规模经营的农业支持保护补贴应采取财政贷款贴息、重大技术推广与服务补助等非现金直补的方式予以补贴，以确保财政补贴资金用于粮食生产经营，避免现金直补可能引致的补贴资金"漏损"。第三，加大政策宣传与示范引导力度，增强粮农保护农业生态资源环境的主观意识，提高不同类型粮食生产经营主体之于农业支持保护补贴政策的知晓度，并通过典型示范县、乡（镇）的补贴试点运行引导粮农生产行为。

三、健全农业保险保费补贴政策，减轻粮农风险性损失

粮食生产中所面临的自然风险和市场风险是不同规模粮食经营主体普遍关心的问题。对农业保险保费补贴而言，一是中央财政应针对各省份历年粮食产量、农业人口、农村家庭人均纯收入及人均财政收入因素等对东中西部各省份制定差异化补贴比例，且中央及省级财政应继续提高对主产区、主产县主粮的农业保险保费补贴标准和补贴比例，降低粮食主产县及粮农支出负担；二是注重对承保机构的补贴扶持，以财政注资保费、税收优惠等多种形式引导承保机构扩大保险范围、降低理赔门槛、加大理赔额度、创新保险方式、简化理赔流程，减轻粮农遭遇的自然风险损失；三是多举措持续强化中央财政对完全成本保险和收入保险的扶持，推动粮食类农业保险转型升级，进一步提高粮食生产抗风险能力，切实调动农户种粮积极性。

四、统筹推进生产者补贴政策，助力粮食供给侧结构性改革

近年来伴随玉米生产者补贴及"粮改饲"补助金等政策的实施，我国玉米去库存效果显著。结合当前粮食供给侧结构形势，应统筹推进玉米、大豆生产者补贴政策。具体讲：一方面，继续在东北三省及内蒙古玉米优势产区实施玉米生产者补贴，同时确保玉米生产者补贴标准低于大豆，以差异化补贴标准达到优化种植结构的目的；另一方面，考虑到大豆生产者补贴属于与大豆种植面积挂钩的"黄箱"政策，故而基于WTO"黄箱"政策规模上限考量，大豆生产者补贴规模难以持续增长。未来应尝试改单一大豆生产者补贴为多元化大豆补贴，其范畴应包括生产者补贴、大豆基础设施投资扶持、大豆技术研发应用推广扶持及下游大豆产业链扶持，通过平稳"黄箱"规模、扩大"绿箱"规模、树立大豆全产业链补贴思维提升粮农从事大豆生产积极性，保障生产环节我国大豆的有效供给。

五、整合优化挂钩直接补贴政策，扶持新型粮食经营主体发展

伴随农民外出务工及土地流转进程的加速，在推进中国农业现代化和保

障国家粮食安全的进程中，新型粮食经营主体被寄予厚望。因此，应通过整合并优化挂钩直接补贴政策，扶持新型粮食经营主体发展。具体讲：第一，探索将支持粮食适度规模经营的农业支持保护补贴资金增量以实际粮食种植面积为依据按"以奖代补"的形式支持新型粮食经营主体。可根据粮食供给侧结构性改革需要，如引导粮农种植优质麦、优质稻等，对具体补贴的粮食品种、品质等做出相应规定。同时，对规模经营的新型粮食经营主体的补贴应设置补贴上限，以防止种粮主体出现"短视行为"，盲目扩张种粮耕地面积而出现规模不经济现象。第二，以项目申报方式支持符合标准的新型粮食生产经营主体自建粮食晾晒、仓储场地，并注重粮食远程运输除湿防霉技术研发应用和高标准粮仓的建设、维修工作。第三，重视对粮食加工企业的财政激励，发挥其"枢纽性"作用。粮食加工企业是联系一二三产业的重要"枢纽"，应重视对其的财政激励，以激活粮食生产、储存、加工、销售链条，保障粮食安全。首先，对符合条件且在规定期限内收购三大主粮的粮食加工企业给予粮食加工补贴。该补贴适用于企业竞价收购政策性粮食和自行收购粮食行为，但需确保前者补贴额度高于后者，以降低粮食库存，发挥加工企业的"蓄水池"作用。在补贴实施地域上，应至少由黑龙江、吉林等少数产粮大省扩展至 13 个粮食主产省份，并择机在全国实施。其次，研究并实施粮食加工企业技术创新升级支持项目。通过贷款贴息、项目支持、税收优惠等举措加快企业技术升级应用，将财政支持与技术研发投入相挂钩，加速粮食精深加工及新产品的研发，将粮食"吃干榨尽"，促进粮食加工企业向绿色生态型、科技支撑型、质量效益型方向转型升级。

第三节　强化实施财政一般服务支持政策

一般服务支持项目属于 WTO《农业协定》中免于削减的"绿箱"政策项目，对粮食生产乃至整个农业产业发展意义重大。在当前财政收入增速放缓背景下，应加大重点一般服务支持项目的实施力度，同时应注重强调财政资金使用效率的提升。

一、加强对农业气象、水利设施、农业科技等的财政扶持

粮食生产面临较大的自然风险，应注重对农业气象、农田水利及农业科技的财政支持。第一，加强气象部门与农业部门就农业气象灾害的信息共享和联合预警工作，尤其是针对粮食生产功能区及新型粮食经营主体，应由财政出资建立灾害预警直播平台，构建农业气象灾害预警防范体系；第二，强化农田水利设施（包括灌溉和排涝等）的建设、管养工作，尤其是北方小麦、玉米种植地区应扩大耕地灌溉面积，降低粮农生产成本，提高粮食生产过程中的防灾害、抗风险能力。在资金供应上，中央财政应承担主体资金供给并减少地方配套；第三，加大对良种研发应用、农业病虫害防治、气象灾害防治、节水灌溉、科学施肥、农业科技人才培养等的财政支持力度，促进粮食科技技术的研发、推广及应用，助推"藏粮于技"战略的实施。

二、支持粮食绿色清洁生产，保障粮食稳定可持续供给

影响粮食稳定可持续供给的重点在于生产环节，应通过系列财政举措助推粮食生产的绿色清洁及科学化。具体讲：除耕地地力保护补贴要求的从事有益于地力提升、环境保护的挂钩条款外，一是应继续扩大测土配方施肥技术的覆盖面。尤其是针对黄淮海地区、长江流域及东南沿海小麦、水稻生产功能区，应深入实施测土配方施肥补贴政策，加大补贴力度，创新实施方式，依托粮食新型生产经营主体，集中连片整体推进，以促进化肥减量增效，提高化肥使用效率；二是通过财政直接投资等形式促进生物农药及有机肥的研发、推广应用，以减少化学农药、肥料对耕地质量、粮食质量、自然环境及人体健康的危害；三是增强财政对中低产田及受污染耕地的恢复治理力度，以净化粮食生产环境，扩大可用、高质耕地面积；四是加大财政对粮食生产环节、土壤化肥农药残留、重金属残留、粮食重金属含量及其他品质要素检验技术的投入力度，以避免问题口粮流入粮食市场。

三、重视财政农田建设投入，优化资金使用结构

土地治理是加强耕地建设、一体推进"藏粮于地""藏粮于技"战略的

有效载体，财政土地治理投入对粮食生产的促进作用已得到验证。结合前文实证分析结果及2018年机构改革后各部委农田建设项目归口农业农村部高标准农田建设实际，提出以下政策建议。

第一，强化财政农田建设投入，夯实粮食综合生产能力，持续释放粮食增产效应。保障粮食安全是各级政府的事权责任，应发挥财政资金在土地治理中的主体性作用。然而在经济新常态中财政收入增速放缓背景下，可考虑将部分效益递减的"黄箱"补贴资金转为土地治理项目资金，并注重财政土地治理资金使用绩效评估。同时，积极引导金融社会资本参与土地治理项目，形成多元化耕地建设投融资格局。

第二，注重对粮食主产区农田建设的财政支持。粮食主产区已成为保障我国粮食安全的核心行政区域。然而外部性与机会成本视角下主产区因事实上承担粮食主销区部分粮食安全责任而丧失相应的辖区发展权益，产生利益流失，众多产粮大省呈现"粮财倒挂"的发展窘境。因此，公共财政应通过多元举措加大对粮食主产区农田建设的扶持，包括：一是中央财政应继续强化对粮食主产区的纵向转移支付力度，统筹整合财政涉农资金，以"大专项＋任务清单"的管理方式确保一定规模的财政资金用于农田建设项目，提高资金使用效益；二是减少主产区地方政府的财政资金配套，探索以地方政府债券筹资形式缓解农田建设中地方财政配套的压力；三是建立粮食主销区对主产区横向利益补偿机制，注重以横向转移支付支持主产区土地治理。

第三，坚持以高标准农田建设为财政农田建设的重点资金投向。首先，高标准农田具备粮食单产水平高、抗灾能力强、产量稳定等特点，建设高标准农田是稳步提升我国粮食综合生产能力、保障国家粮食安全的重点举措，故而农田建设资金应重点投向高标准农田建设；其次，由于高标准农田建设涉及国土、水利、农业、林业、电力、交通等多个部门，应建立各部门参与高标准农田建设的统筹协调机制，以提升高标准农田建设资金使用效益，充分释放高标准农田建设的粮食增产效应；最后，将种粮大户、家庭农场、专业合作社等新型粮食生产经营主体作为高标准农田建设项目支持的重点主体，发挥示范带动作用，提高资金使用效率，降低项目支持小规模粮农所产生的较高交易成本。

四、完善产粮大县奖励政策，注重培育新型职业农民

一方面，应完善产粮大县奖励政策。具体包括：一是中央财政应继续加大对产粮大县的奖励力度，提高产粮大县利益补偿规模。奖励规模应充分考虑各产粮大县客观存在的显性、隐性利益流失，确保利益补偿后产粮大县人均财政一般公共预算收入水平不低于各省份平均水平。二是探索以"大专项＋统筹"的政策设计优化产粮大县奖励资金使用结构。根据产粮大县奖励政策促进县域粮食生产的作用机制，为确保产粮大县积极稳定地发展县域粮食生产，同时兼顾产粮大县对奖励资金统筹灵活使用的需求偏好，可探索以较低比例"大专项"加较高比例"统筹"的政策设计，确保一定规模的产粮大县奖励资金定向用于高标准农田建设、中低产田改造、绿色有机化肥购置补贴、农用机械购置补贴等领域，引导粮农扩大粮食播种面积、科学施用化肥、提高粮食耕种收综合机械化水平，促进县域粮食的稳产增产。三是重视对产粮大县奖励资金使用开展绩效评价。既要适当提高绩效评价在产粮大县奖励资金分配测算中的权重，配合"大专项＋统筹"的政策改革，引导产粮大县高效使用奖励资金，又要建立健全产粮大县奖励资金绩效评价奖惩机制，对于绩效评价结果优秀或不合格的产粮大县应在次年产粮大县奖励资金分配中予以追加奖励或减免奖励。

另一方面，注重培育新型职业农民，确保粮食产业"后继有人"。一是加大对主要农业院校涉农专业学生的奖励、补助力度，探索实施特定涉农专业定向就业计划，注重对农业创业青年的补贴激励；二是设立专门针对青年农场主的专项培育计划项目。内容涉及农业信贷扶持、基础设施投资补助、技术应用推广、农业保险保费补贴等，引导其充分了解财政支粮政策全貌，充分利用国家现有的支农惠农政策。

第四节　配套改善财政支粮资金供给及管理体系

财政支粮资金供给及管理状况事关粮食安全财政保障政策效应的充分释

放和财政资金使用效率的有效提升。就资金供给而言，应坚持效率与公平的原则；就资金管理而言，则要做好统筹协调，以形成政策合力。同时，加强财政支农立法工作建设，为财政支粮资金供给及管理提供法律保障。

一、构建粮食安全责任与成本相统一的补贴资金供给机制

从省域层面讲，粮食主产区与主销区粮食安全责任与成本不对等的问题存在诸多诟病，应尝试构建粮食安全责任和粮食安全成本相统一的补贴资金供给机制。具体包括如下内容：一方面，统筹中央补贴资金及地方财政配套支出的有限资金，按上年粮食产量均分当年的全国补贴资金总量，继而根据上年各省（自治区、直辖市）实际产量进行分配。如此，不仅可以解决地区配套补贴差异过大、资金使用效率不高的问题，也可以实现粮食生产责任与成本的统一，提升粮食主产省农户从事粮食生产的积极性。另一方面，对于粮食主产省，中央应加大补贴的倾斜力度，并逐步减少、取消地方配套补贴。而对于财政实力相对充裕且粮食主销区的省份，中央应逐步减少粮食风险基金中的中央支付比例，减少中央补贴拨付，从而实现一定时期补贴规模相对有限条件下的"帕累托改善"。

二、科学管理财政支粮资金，提高资金使用效率

针对当前财政支粮资金多头管理、交叉重复、分散使用的问题，应通过如下路径予以破解：其一，推动源头整合，从中央层面在预算编制环节归并并设置财政支粮资金大专项，改变原有各专项资金交叉重复的散乱格局，建立财政支粮资金统筹平台，实现涉粮资金单一口径拨款，避免"寻租"与腐败现象。其二，划分中央与地方以及地方各部门之间职责边界。以"大专项＋任务清单"管理模式，赋予地方必要的涉粮资金统筹权，根据中央与地方任务清单划定逐步理清各自职责边界。同时，逐步理顺政府各部门间的职责划分，解决各级政府部门间对涉粮资金管理职责权限和范围划分不清、管理职能交叉重叠等问题。其三，加强对财政涉粮资金的监管。财政、审计等部门应通过日常监管和专项检查等方式监督涉粮资金使用信息，逐步建立结果导

向的财政支粮资金分配激励机制，切实提升财政资金使用效率。

三、完善财政支农立法体系，保障政策运行规范性稳定性

完善的财政支农立法体系是各项财政支粮政策规范运行、支粮资金稳定增长和粮食产业可持续发展的重要保障。具体讲：一方面，对涉及财政支农的法律法规清理整合，构建清晰明确、统分结合且符合 WTO 贸易规定的财政支农立法体系，为各项财政支粮政策的运行提供依据；另一方面，财政支农立法体系的构建应涉及涉农资金来源、各级政府权责划分、政府重点投资范围规范、涉农资金投资方式优化、涉农资金监管考评、违规违法处理及配套保障措施建设等内容。由此，以健全合理的财政支农立法体系，保障各项财政支粮政策的规范实施与稳定运行，促进政策效应的充分释放和资金效率的有效提升。

参 考 文 献

［1］柏正杰. 农业保险补贴的理论支持：一个政治经济学分析［J］. 兰州大学学报（社会科学版），2012，40（4）：151-154.

［2］保罗·萨缪尔森，威廉·诺德豪斯. 经济学（第18版）［M］. 萧琛译. 北京：人民邮电出版社，2008.

［3］蔡保忠，曾福生. 中国农业基础设施投资的粮食增产效应分析——基于省级面板数据的实证分析［J］. 农业技术经济，2017（7）：31-40.

［4］蔡鑫，陈永福. 日本农业补贴制度安排、绩效及启示［J］. 农村经济，2017（2）：123-128.

［5］曹光乔，周力，易中懿，张宗毅，韩喜秋. 农业机械购置补贴对农户购机行为的影响——基于江苏省水稻种植业的实证分析［J］. 中国农村经济，2010（6）：38-48.

［6］常璇. 乡村振兴战略背景下确保国家粮食安全：矛盾剖析及破解策略［J］. 江淮论坛，2019（5）：43-48+77.

［7］陈金勇，汤湘希，杨俊. 基于DID模型的股利监管政策效应分析［J］. 商业研究，2017（3）：71-77.

［8］陈径天，温思美，张乐. 农机购置补贴政策有助于农业劳动力转移吗？［J］. 广东社会科学，2018（5）：31-40.

［9］陈璐，胡月，韩学平，郭翔宇. 国家粮食安全中主产区粮食生产及其贡献的量化对比分析［J］. 中国土地科学，2017（9）：34-42.

［10］陈锡文. 中国农业发展形势及面临的挑战［J］. 农村经济，2015（1）：3-7.

［11］程国强. 中国农业补贴：制度设计与政策选择［M］. 北京：中国发展出版社，2011：18-19.

[12] 程名望，黄甜甜，刘雅娟．农村劳动力外流对粮食生产的影响：来自中国的证据 [J]．中国农村观察，2015（6）：15－21＋46＋94．

[13] 邓大才．粮食安全：耕地、贸易、技术与条件——改革开放30年粮食安全保障的途径研究 [J]．财经问题研究，2010（2）：3－7．

[14] 邓祥宏，穆月英，钱加荣．我国农业技术补贴政策及其实施效果分析——以测土配方施肥补贴为例 [J]．经济问题，2011（5）：79－83．

[15] 邓小华．粮食流通体制改革的经济效应分析——以安徽省来安县、天长市粮食补贴改革试点为例 [J]．农业经济问题，2004（5）：64－66．

[16] 董理．日本农业财政补贴政策及对中国的借鉴 [J]．世界农业，2012（12）：34－36＋49．

[17] 董运来．印度粮食安全政策及其对我国的经验借鉴 [J]．经济与管理研究，2009（3）：92－98．

[18] 董运来，余建斌，刘志雄．印度农业贸易自由化改革——基于粮食安全的视角分析 [J]．中国农业大学学报（社会科学版），2008（3）：161－170．

[19] 范丽霞．技术效率、技术进步与粮食生产率增长 [J]．经济经纬，2016（3）：31－36．

[20] 方琳娜，李建民，陈子雄，等．日韩农田建设做法及对我国高标准农田建设启示 [J]．中国农业资源与区划，2020（6）：1－6．

[21] 方松海，王为农．成本快速上升背景下的农业补贴政策研究 [J]．管理世界，2009（9）：91－108．

[22] 费佐兰，王有国，郭翔宇．产粮大县奖励政策实施的效果评价——以黑龙江省为例 [J]．农村经济，2016（5）：35－41．

[23] 高昕．新常态下我国粮食主产区综合利益补偿机制创新研究 [J]．中州学刊，2016（10）：49－53．

[24] 高玉强．农机购置补贴、财政支农支出与土地生产率——基于省际面板数据的实证研究 [J]．山西财经大学学报，2010，32（1）：72－78．

[25] 高玉强．农机购置补贴与财政支农支出的传导机制有效性——基于省际面板数据的经验分析 [J]．财贸经济，2010（4）：61－68．

[26] 高玉强，沈坤荣．欧盟与美国的农业补贴制度及对我国的启示

[J]. 经济体制改革, 2014（2）：173 – 177.

[27] 葛继红, 周曙东. 要素市场扭曲是否激发了农业面源污染——以化肥为例 [J]. 农业经济问题, 2012（3）：92 – 98 + 112.

[28] 宫斌斌, 杨宁, 刘帅. 玉米生产者补贴政策实施效果及其完善 [J]. 农业经济问题, 2021（10）：127 – 138.

[29] 龚锡强. 粮食加工企业在一二三产业融合发展中大有可为 [J]. 中国粮食经济, 2016（3）：33 – 34.

[30] 官华平, 周志华. 农机购置补贴政策中存在的问题及对策 [J]. 调研世界, 2011（10）：27 – 29 + 33.

[31] 国家粮食和物资储备局. 实施国家粮食安全战略 守住管好天下粮仓 [N]. 人民日报, 2020 – 04 – 27（13）.

[32] 贺汉魂. 农地公有："藏粮于地""藏粮于技"的制度保障——重读马克思土地所有制思想 [J]. 当代经济研究, 2017（2）：29 – 36.

[33] 贺伟. 我国粮食最低收购价政策的现状、问题及完善对策 [J]. 宏观经济研究, 2010（10）：32 – 36 + 43.

[34] 贺伟, 朱善利. 我国粮食托市收购政策研究 [J]. 中国软科学, 2011（9）：10 – 17.

[35] 洪自同, 郑金贵. 农业机械购置补贴政策对农户粮食生产行为的影响——基于福建的实证分析 [J]. 农业技术经济, 2012（11）：41 – 48.

[36] 侯玲玲, 孙倩, 穆月英. 农业补贴政策对农业面源污染的影响分析——从化肥需求的视角 [J]. 中国农业大学学报, 2012（4）：173 – 178.

[37] 侯石安. 农业补贴的国际比较研究 [M]. 北京：中国财政经济出版社, 2013.

[38] 侯石安, 赵和楠. 中国粮食安全与农业补贴政策的调整 [J]. 贵州社会科学, 2016（1）：143 – 151.

[39] 胡霞. 关于日本山区半山区农业直接补贴政策的考察与分析 [J]. 中国农村经济, 2007（6）：71 – 80.

[40] 胡玉杰, 彭徽. 财政分权、晋升激励与农村医疗卫生公共服务供给——基于我国省际面板数据的实证研究 [J]. 当代财经, 2019（4）：39 – 48.

[41] 胡原, 曾维忠. 碳汇造林项目促进了当地经济发展吗？——基于

四川县域面板数据的 PSM – DID 实证研究 [J]. 中国人口·资源与环境，2020 (2)：89 – 98.

[42] 胡岳岷. 中国粮食安全的政治经济学 [J]. 经济评论，2007 (4)：28 – 34.

[43] 黄雪琴，张丽清，冯泓，张士杰. 建构 WTO 规则下的中国粮食宏观调控新机制 [J]. 世界农业，2003 (1)：5 – 8 + 34.

[44] 黄志平. 国家级贫困县的设立推动了当地经济发展吗？——基于 PSM – DID 方法的实证研究 [J]. 中国农村经济，2018 (5)：98 – 111.

[45] 贾贵浩. 城镇化背景下粮食主产区利益动态补偿问题研究 [J]. 宏观经济研究，2013 (12)：20 – 25 + 52.

[46] 贾娟琪，李先德，孙致陆. 中国主粮价格支持政策促进了农户增收吗？——基于农业农村部全国农村固定观察点调查数据的实证研究 [J]. 华中农业大学学报（社会科学版），2018 (6)：39 – 47 + 152 – 153.

[47] 贾娟琪，李先德，王士海. 中国粮食价格支持政策对国内外粮食价格溢出效应的影响研究——基于 VEC-DCC-GARCH 模型的分析 [J]. 华中农业大学学报（社会科学版），2016 (6)：41 – 47 + 143.

[48] 贾娟琪，孙致陆，李先德. 粮食价格支持政策提高了我国粮食全要素生产率吗？——以小麦最低收购价政策为例 [J]. 农村经济，2019 (1)：67 – 72.

[49] 江生忠，贾士彬，江时鲲. 我国农业保险保费补贴效率及其影响因素分析——基于 2010 ~ 2013 年省际面板数据 [J]. 保险研究，2015 (12)：67 – 77.

[50] 姜松，王钊，黄庆华，周志波，陈习定. 粮食生产中科技进步速度及贡献研究——基于 1985—2010 年省级面板数据 [J]. 农业技术经济，2012 (10)：40 – 51.

[51] 蒋和平，吴桢培. 建立粮食主销区对主产区转移支付的政策建议 [J]. 中国发展观察，2009 (12)：24 – 25.

[52] 李邦熹，王雅鹏. 小麦最低收购价政策对农户福利效应的影响研究 [J]. 华中农业大学学报（社会科学版），2016 (4)：47 – 52 + 129.

[53] 李冬艳. 农业补贴政策应适时调整与完善 [J]. 经济纵横，2014

（3）：63 – 66.

[54] 李俊鹏，冯中朝，吴清华．农业劳动力老龄化与中国粮食生产——基于劳动增强型生产函数分析 [J]．农业技术经济，2018（8）：26 – 34.

[55] 李森，孔振焕，王俊燕．中国财政分权特征及其对地方性公共产品供给结构的影响 [J]．宏观经济研究，2020（3）：19 – 31.

[56] 李天祥．结构调整与技术进步对我国粮食生产的影响研究 [D]．南京：南京农业大学，2017：60.

[57] 李雪松，冉光和．财政分权、农业经济增长与城乡收入差距 [J]．农业技术经济，2013（1）：86 – 94.

[58] 李雪，袁青青，韩一军．价格支持政策对粮食种植面积的影响机理分析——以小麦省级面板数据为例 [J]．中国农业资源与区划，2019（1）：89 – 96.

[59] 李勇，蓝海涛．中长期中国粮食安全财政成本及风险 [J]．中国农村经济，2007（5）：4 – 12 + 62.

[60] 连玉君，廖俊平．如何检验分组回归后的组间系数差异？[J]．郑州航空工业管理学院学报，2017（6）：97 – 109.

[61] 林江鹏，樊小璞．我国财政农业投入产出效率研究——以农业综合开发中的土地治理项目为例 [J]．经济学家，2009（8）：31 – 36.

[62] 刘大鹏，刘颖，魏新彦，黄博远．粮食最低收购价调整下农户的生产行为选择——基于农户分化视角的分析 [J]．农业技术经济，2020（11）：31 – 42.

[63] 刘瑞涵，张怀波．俄罗斯农业支持及改革政策分析 [J]．农业经济问题，2010，31（12）：105 – 109.

[64] 刘泽莹，韩一军．乡村振兴战略下粮食供给面临的困境与出路 [J]．西北农林科技大学学报（社会科学版），2020（2）：10 – 18.

[65] 卢昆，郑风田．财政支农科技投入与我国粮食综合生产能力 [J]．社会科学研究，2007（1）：33 – 37.

[66] 路玉彬，孔祥智．农机具购置补贴政策的多维考量和趋势 [J]．改革，2018（2）：75 – 88.

[67] 吕炜，张晓颖，王伟同．农机具购置补贴、农业生产效率与农村

劳动力转移 [J]. 中国农村经济, 2015 (8): 22 - 32.

[68] 罗光强. 我国粮食安全责任战略的实现行为研究 [J]. 农业经济问题, 2012 (3): 9 - 14 + 110.

[69] 罗光强, 姚旭兵. 粮食生产规模与效率的门槛效应及其区域差异 [J]. 农业技术经济, 2019 (10): 92 - 101.

[70] 马晓春, 宋莉莉, 李先德. 韩国农业补贴政策及启示 [J]. 农业技术经济, 2010 (7): 122 - 128.

[71] 马晓妍, 何仁伟, 魏洪斌. 我国高标准农田建设项目投资资金效率评价 [J]. 统计与决策, 2020 (12): 85 - 89.

[72] 穆月英. 关于农业补贴政策的作用和局限性的思考 [J]. 理论探讨, 2010 (1): 87 - 91.

[73] 潘经韬, 陈池波. 农机购置补贴对农机作业服务市场发展的影响——基于 2004 ~ 2013 年省级面板数据的实证分析 [J]. 华中农业大学学报 (社会科学版), 2018 (3): 27 - 34 + 153.

[74] 潘经韬, 陈池波. 农机购置补贴政策实施效果的差异分析——基于湖北省 2006—2015 年县级面板数据的实证 [J]. 农林经济管理学报, 2019 (2): 152 - 160.

[75] 彭超. 美国农业法案新动向及其启示 [N]. 农民日报, 2018 - 12 - 22 (003).

[76] 彭柳林, 池泽新, 付江凡, 余艳锋. 劳动力老龄化背景下农机作业服务与农业科技培训对粮食生产的调节效应研究——基于江西省的微观调查数据 [J]. 农业技术经济, 2019 (9): 91 - 104.

[77] 彭炎辉. 耕地地力保护补贴政策的效果评价及改进建议 [J]. 中州学刊, 2017 (12): 48 - 53.

[78] 钱加荣, 赵芝俊. 价格支持政策对粮食价格的影响机制及效应分析 [J]. 农业技术经济, 2019 (8): 89 - 98.

[79] 乔金杰, 穆月英. 测土配方施肥补贴效果及补贴地区优先序——基于农业技术效率视角 [J]. 科技管理研究, 2015, 35 (23): 223 - 227 + 233.

[80] 乔金亮. 让产粮大县不再为"要钱""要粮"纠结 [N]. 经济日报, 2015 - 09 - 09 (009).

[81] 屈宝香，李文娟，钱静斐．中国粮食增产潜力主要影响因素分析 [J]．中国农业资源与区划，2009（4）：34－39．

[82] 尚二萍，许尔琪，张红旗，黄彩红．中国粮食主产区耕地土壤重金属时空变化与污染源分析 [J]．环境科学，2018，39（10）：4670－4683．

[83] 施勇杰．新形势下我国粮食最低收购价政策探析 [J]．农业经济问题，2007（6）：76－79．

[84] 宋洪远．改革以来中国农业和农村经济政策的演变 [M]．北京：中国经济出版社，2000．

[85] 宋亮，赵霞，缪书超．粮食价格支持政策促进还是抑制了土地流转？——基于 CHIP 微观数据的实证分析 [J]．干旱区资源与环境，2019，33（8）：1－7．

[86] 唐建，Jose Vila．粮食生产技术效率及影响因素研究——来自1990—2013 年中国 31 个省份面板数据 [J]．农业技术经济，2016（9）：72－83．

[87] 田聪颖，肖海峰．生产者补贴政策与农户种植结构调整——基于"镰刀弯"地区农户的模拟分析 [J]．哈尔滨工业大学学报（社会科学版），2018，20（3）：132－140．

[88] 田红宇．财政分权、财政支农政策与粮食生产研究 [D]．重庆：西南大学，2016：56．

[89] 田晓晖，李薇，李戎．农业机械化的环境效应——来自农机购置补贴政策的证据 [J]．中国农村经济，2021（9）：95－109．

[90] 王广深，侯石安．欧盟农业生态补贴政策的经验及启示 [J]．经济纵横，2009（5）：109－111．

[91] 王国华．日本农业生产者户别收入补贴制度研究 [J]．现代日本经济，2014（5）：54－61．

[92] 王国敏．中国特色农业现代化道路面临的"瓶颈"约束研究 [J]．四川大学学报（哲学社会科学版），2009（5）：91－98．

[93] 王军杰．印度农业国内支持制度的完善及对我国的启示 [J]．农村经济，2011（8）：126－129．

[94] 王克．美国 2018 年农业法案中农业保险计划的动向和启示 [N]．中国保险报，2019－01－09（004）．

［95］王力，孙鲁云．最低收购价政策能稳定粮食价格波动吗［J］．农业技术经济，2019（2）：111－121．

［96］王士海，李先德．粮食最低收购价政策托市效应研究［J］．农业技术经济，2012（4）：105－111．

［97］王文涛，张美玲．我国粮食生产者补贴制度渊源、理论基础与改革方向［J］．农村经济，2019（2）：39－46．

［98］王许沁，张宗毅，葛继红．农机购置补贴政策：效果与效率——基于激励效应与挤出效应视角［J］．中国农村观察，2018（2）：60－74．

［99］王学君，周沁楠．日本粮食安全保障策略的演进及启示［J］．现代日本经济，2018（4）：69－84．

［100］王永春，王秀东．日本的农业补贴——水稻［J］．世界农业，2009（12）：27－29．

［101］王跃梅，姚先国，周明海．农村劳动力外流、区域差异与粮食生产［J］．管理世界，2013（11）：67－76．

［102］韦苇，杨卫军．农业的外部性及补偿研究［J］．西北大学学报（哲学社会科学版），2004（1）：148－153．

［103］魏后凯，王业强．中央支持粮食主产区发展的理论基础与政策导向［J］．经济学动态，2012（11）：49－55．

［104］吴玲，刘腾谣．粮食主产区实施利益补偿的价值判断与政策导向［J］．中国农业资源与区划，2017（7）：1－9．

［105］吴雪艳．美国农业补贴政策及其对中国的启示［J］．西南民族大学学报（人文社会科学版），2010（8）：130－134．

［106］西奥多·舒尔茨．改造传统农业［M］．梁小民译．北京：商务印书馆，1987．

［107］西奥多·舒尔茨．经济增长与农业［M］．郭熙保等译．北京：北京经济学院出版社，1991．

［108］肖俊彦．警惕我国粮食安全保障能力下降［J］．农业经济问题，2012，33（6）：9－13＋110．

［109］肖卫东，张宝辉，贺畅，杜志雄．公共财政补贴农业保险：国际经验与中国实践［J］．中国农村经济，2013（7）：13－23．

[110] 谢波峰. 基于大数据的农业保险保费补贴绩效评价研究——体系构建与应用框架 [J]. 财政研究, 2021 (10): 77 - 87.

[111] 谢小蓉, 李雪. 农业基础设施与粮食生产能力的实证研究——吉林省例证 (1989—2012 年) [J]. 学术研究, 2014 (7): 91 - 97 + 160.

[112] 谢旭人. 中国财政改革三十年 [M]. 北京: 中国财政经济出版社, 2008.

[113] 谢玉梅, 周方召. 欧盟有机农业补贴政策分析 [J]. 财经论丛, 2013 (3): 26 - 31.

[114] 辛岭, 蒋和平. 产粮大县粮食生产与农民收入协调性研究——以河南省固始县为例 [J]. 农业技术经济, 2016 (2): 45 - 51.

[115] 星焱, 胡小平. 中国新一轮粮食增产的影响因素分析: 2004 ~ 2011 年 [J]. 中国农村经济, 2013 (6): 14 - 26.

[116] 徐全红. 我国农业财政补贴的经济学分析 [J]. 经济研究参考, 2006 (93): 21 - 26.

[117] 许庆, 陆钰凤, 张恒春. 农业支持保护补贴促进规模农户种粮了吗?——基于全国农村固定观察点调查数据的分析 [J]. 中国农村经济, 2020 (4): 15 - 33.

[118] 许世卫. 我国粮食安全目标及风险分析 [J]. 农业经济问题, 2009 (5): 12 - 16 + 110.

[119] 许跃辉, 郝敬胜, 张青. 产粮大县面临的问题与地方政府决策的困局——基于安徽经验 [J]. 学术界, 2010 (11): 196 - 203 + 288.

[120] 薛选登, 张一方. 产粮大县耕地 "非粮化" 现象及其防控 [J]. 中州学刊, 2017 (8): 40 - 45.

[121] 亚当·斯密. 国富论 [M]. 冉明志译. 北京: 台海出版社, 2016.

[122] 杨春华, 杨洁梅, 彭超. 美国 2014 农业法案的主要特点与启示 [J]. 农业经济问题, 2017 (3): 105 - 109.

[123] 杨秀玉, 乔翠霞. 农业补贴对生态环境的影响——从化肥使用角度分析 [J]. 中国农业资源与区划, 2018 (7): 47 - 53.

[124] 杨义武, 林万龙. 农机具购置补贴、农机社会化服务与农民增收 [J]. 农业技术经济, 2021 (9): 16 - 35.

[125] 曾福生，李飞. 农业基础设施对粮食生产的成本节约效应估算——基于似无相关回归方法 [J]. 中国农村经济，2015 (6)：4 - 12 +22.

[126] 曾靖，常春华，王雅鹏. 基于粮食安全的我国化肥投入研究 [J]. 农业经济问题，2010 (5)：66 - 70 +111.

[127] 曾衍德. 确保粮食安全是乡村振兴的首要任务 [N]. 农民日报，2017 - 11 - 18 (001).

[128] 翟虎渠. 坚持依靠政策、科技与投入确保我国粮食安全 [J]. 农业经济问题，2004 (1)：24 - 26.

[129] 翟虎渠. 科技进步：粮食增产的重要支撑 [J]. 求是，2010 (5)：51 - 53.

[130] 张改清. 粮食最低收购价政策下农户储售粮行为响应及其收入效应 [J]. 农业经济问题，2014，35 (7)：86 - 93 +112.

[131] 张建杰. 对粮食最低收购价政策效果的评价 [J]. 经济经纬，2013 (5)：19 - 24.

[132] 张立承，范亚辰. 地方政府债券支持"藏粮于地"对策研究 [J]. 经济纵横，2020 (10)：114 - 120.

[133] 张若瑾. 农业保险保费补贴政策的激励实效研究 [J]. 华南农业大学学报（社会科学版），2018，17 (6)：31 - 41.

[134] 张少兵，王雅鹏. 农业科技供需双重不足分析——以粮食安全为例 [J]. 科学管理研究，2007 (5)：66 - 69.

[135] 张爽. 粮食最低收购价政策对主产区农户供给行为影响的实证研究 [J]. 经济评论，2013 (1)：130 - 136.

[136] 张扬. 粮食安全下粮食主产区利益补偿新思路 [J]. 现代经济探讨，2014 (1)：70 - 73.

[137] 张祖荣. 我国农业保险保费补贴资金使用效果评价：方法与证据 [J]. 财政研究，2017 (8)：101 - 111.

[138] 赵波. 中国粮食主产区利益补偿机制的构建与完善 [J]. 中国人口·资源与环境，2011 (1)：85 - 90.

[139] 赵和楠，陈池波，赵炜涛. 小麦最低收购价政策的托市效应研究——基于双重差分法的实证检验 [J]. 价格月刊，2020 (6)：1 - 7.

［140］赵和楠，侯石安．乡村振兴战略下土地治理投入对粮食生产的影响——"藏粮于地""藏粮于技"一体推进的经验证据［J］．贵州社会科学，2021（5）：153-160．

［141］赵和楠，侯石安．新中国70年粮食安全财政保障政策变迁与取向观察［J］．改革，2019（11）：15-24．

［142］赵和楠．论美日农业补贴政策及对我国的启示——基于粮食安全视角［J］．财政监督，2019（11）：68-73．

［143］赵和楠．印度农业补贴政策及其启示［J］．地方财政研究，2013（4）：34-40．

［144］赵婷婷．一个非粮食主产省的产粮大县面临的困境分析及对策建议［J］．中国财政，2019（14）：59-61．

［145］郑国光．科学应对全球气候变暖　提高粮食安全保障能力［J］．求是，2009（23）：47-49．

［146］钟甫宁，陆五一，徐志刚．农村劳动力外出务工不利于粮食生产吗？——对农户要素替代与种植结构调整行为及约束条件的解析［J］．中国农村经济，2016（7）：36-47．

［147］周静．农业支持保护补贴对稻作大户投入行为的激励作用实证分析［J］．经济地理，2020，40（7）：150-157．

［148］周静，曾福生．"变或不变"：粮食最低收购价下调对稻作大户种植结构调整行为研究［J］．农业经济问题，2019（3）：27-36．

［149］周静，曾福生．农业支持保护补贴的政策认知及其对满意度的影响研究——基于湖南省419个稻作大户的调查［J］．农村经济，2019（4）：88-94．

［150］周少来．乡镇政府体制性困局及其应对［J］．甘肃社会科学，2019（6）：33-40．

［151］周小萍，陈百明，张添丁．中国"藏粮于地"粮食生产能力评估［J］．经济地理，2008（3）：475-478．

［152］周杨，邵喜武，吴佩蓉．大豆生产者补贴政策改革促进农户种植结构调整了吗？——基于全国446个县的准自然实验［J］．农林经济管理学报，2021，20（3）：305-315．

［153］周应恒，张蓬，严斌剑. 农机购置补贴政策促进了农机行业的技术创新吗？［J］. 农林经济管理学报，2016，15（5）：489 – 499.

［154］周振，崔嵩. 农机购置补贴政策对农业机械化的影响研究——基于我国省际面板数据的实证分析［J］. 中国物价，2015（8）：62 – 65.

［155］周振，张琛，彭超，孔祥智. 农业机械化与农民收入：来自农机具购置补贴政策的证据［J］. 中国农村经济，2016（2）：68 – 82.

［156］朱晶，晋乐. 农业基础设施与粮食生产成本的关联度［J］. 改革，2016（11）：74 – 84.

［157］朱晶. 农业公共投资、竞争力与粮食安全［J］. 经济研究，2003（1）：13 – 20 + 92.

［158］宗义湘，闫琰，李先德. 巴西农业支持水平及支持政策分析——基于 OECD 最新农业政策分析框架［J］. 财贸研究，2011，22（2）：51 – 58.

［159］Abdoulaye Seck. Fertiliser Subsidy and Agricultural Productivity in Senegal［J］. The World Economy，2017，40（9）：1989 – 2006.

［160］Aditya K. S., Subash S. P., Praveen K. V. et al., Awareness about Minimum Support Price and its Impact on Diversification Decision of Farmers in India［J］. Asia & The Pacific Policy Studies，2017，4（3）：514 – 526.

［161］Ali S. Z., Sidhu R. S., Vatta K., Effectiveness of Minimum Support Price Policy for Paddy in India with a Case Study of Punjab［J］. Agricultural Economics Research Review，2012，25（2）：231 – 242.

［162］Balezentis T., Witte K. D., One-and Multi-directional Conditional Efficiency Measurement—Efficiency in Lithuanian Family Farms［J］. European Journal of Operational Research，2015，245（2）：612 – 622.

［163］Barrows R. L., Prenguber B. A., Transfer of Development Rights: an Analysis of a New Land Use Policy Tool［J］. American Journal of Agricultural Economics，1975，57（4）：549 – 557.

［164］Beaman L., Karlan D., Thuysbaert B., et al., Profitability of Fertilizer: Experimental Evidence from Female Rice Farmers in Mali［J］. American Economic Review，2013，103（3）：381 – 386.

［165］Besuspariene E., Miceikiene A., The Influence of Subsidies and Taxes on Economic Viability of Family Farms in Lithuania [J]. Bulgarian Journal of Agricultural Science, 2020, 26 (1): 3 – 15.

[166] Bruce Gardner. How Price Instability Complicates the Analysis of Price Supports [J]. Northeastern Journal of Agricultural and Resource Eco-nomics, 1985, 14 (2): 113 – 119.

[167] Carter C. A., Lohmar B., Regional Specialization of China's Agricultural Production [J]. American Journal of Agricultural Economics, 2002, 84 (3): 749 – 753.

[168] Christophe Gouel, Madhur Gautam, Will J. Martin. Managing Food Price Volatility in a Large Open Country: The Case of Wheat in India [J]. Oxford Economic Papers, 2016, 68 (3): 811 – 835.

[169] Daniel Pilchman. Money for Nothing: Are Decoupled Agricultural Subsidies Just? [J]. Journal of Agricultural and Environmental Ethics, 2015, 28 (6): 1105 – 1125.

[170] Ebenezer Toyin Megbowon, Abbyssinia Mushunje. Assessment of Food Security among Households in Eastern Cape Province, South Africa [J]. International Journal of Social Economics, 2018, 45 (1): 2 – 17.

[171] Garnett T., Appleby M. C., Balmford A. et al., Sustainable Intensification in Agriculture: Premises and Policies [J]. Science, 2013, 341 (5): 33 – 34.

[172] Gary Adams, Patrick Westhoff, Brian Willott, Robert E. Young. Do "Decoupled" Payments Affect U. S. Crop Area? Preliminary Evidence from 1997 – 2000 [J]. American Journal of Agricultural Economics, 2001, 83 (5): 1190 – 1195.

[173] Gopakumar K. U., V. Pandit, Price Movements for Rice and Wheat: A Structuralist Policy Perspective [J]. Indian Economic Review, 2014, 49 (2): 227 – 244.

[174] Heckman J. J., Ichimura H., Todd P. E., Matching as an Econometric Evaluation Estimator [J]. The Reviews of Economics Studies, 1998, 65 (2): 261 – 294.

[175] Hisham S. El-Osta, Ashok K. Mishra, Mary C., Ahearn. Labor Sup-

ply by Farm Operators Under "Decoupled" Farm Program Payments [J]. Review of Economics of the Household, 2004, 2 (4): 367 –385.

[176] Jayne T. S. , Myers R. J. , Nyoro J. , The Effects of NCPB Marketing Policies on Maize Market Prices in Kenya [J]. Agricultural Economics, 2008, 38 (3): 313 –325.

[177] Johnson D. G. , World agriculture, Commodity Policy and Price Variability [J]. American Journal of Agricultural Economics, 1975, 57 (5): 823 –828.

[178] Kabila Abass, Selase Kofi Adanu, Seth Agyemang. Peri-urbanization and Loss of Arable Land in Kumasi Metropolis in Three Decades: Evidence from Remote Sensing Image Analysis [J]. Land Use Policy, 2018, 72 (3): 470 –479.

[179] Kang, Taehoon. An Event Study on the Minimum Price Support Programs [J]. The Korean Journal of Cooperative Studies, 2011, 29 (2): 151 –167.

[180] Karlan D. , Robert O. , Isaac Osei-Akoto et al. , Agricultural Decisions after Relaxing Credit and Risk Constraints [J]. The Quarterly Journal of Economics, 2014, 129 (2): 597 –652.

[181] Kathleen Neumann, Peter H. Verburg, Elke Stehfest. The Yield Gap of Global Grain Production: A Spatial Analysis [J]. Agricultural Systems, 2010, 103 (5): 316 –326.

[182] Kim K. , Chavas J. P. A Dynamic Analysis of the Effects of a Price Support Program on Price Dynamics and Price Volatility [J]. Journal of Agricultural and Resource Economics, 2002, 27 (2): 495 –514.

[183] Krugman P. , Increasing Returns and Economic Geography [J]. Journal of Political Economy, 1991, 99 (3): 483 –499.

[184] Marie Javdani, Malawi's Agricultural Input Subsidy: Study of a Green Revolution-style Strategy for Food Security [J]. International Journal of Agricultural Sustainability, 2012, 10 (2): 150 –163.

[185] Mary Clare Ahearn, Hisham El-Osta. The Impact of Coupled and Decoupled Government Subsidies on Off-Farm Labor Participation of U. S. Farm Operators [J]. American Journal of Agricultural Economics, 2006, 88 (2): 393 –408.

[186] Minviel J. J. , Sipilainen T. , Dynamic Stochastic Analysis of the

Farm Subsidy-efficiency Link: Evidence from France [J]. Journal of Productivity Analysis, 2018, 50 (8): 41 –54.

[187] Minviel J. J., Witte K. D., The Influence of Public Subsidies on Farm Technical Efficiency: A Robust Conditional Nonparametric Approach [J]. European Journal of Operational Research, 2017, 59 (3): 1112 –1120.

[188] Mohammad Mafizur Rahman, Shamsul Arifeen Khan Mamun. The Effects of Telephone Infrastructure on Farmers' Agricultural Outputs in China [J]. Information Economics and Policy, 2017, 41 (6): 88 –95.

[189] Niamatullah M., Zaman Ku, Khan M. A., Impact of Support Price and Fertilizer Off take on Rice Production and Wheat Acreage in NWFP, Pakistan [J]. Journal of Animal and Plant Sciences, 2010, 20 (1): 28 –33.

[190] Prabhu Pingali, Bhaskar Mittra, Andaleeb Rahman. The Bumpy Road from Food to Nutrition Security-Slow Evolution of India's Food Policy [J]. Global Food Security, 2017, 15 (12): 77 –84.

[191] Pu L. M., Zhang S. W., Yang J. C. et al., Assessment of High-standard Farmland Construction Effectiveness in Liaoning Province during 2011 – 2015 [J]. Chinese Geographical Science, 2019, 20 (4): 667 –678.

[192] Raghunathan Kalyani, Chakrabarti Suman, Avula Rasmi, Kim Sunny S. Can Conditional Cash Transfers Improve the Uptake of Nutrition Interventions and Household Food Security? Evidence from Odisha's Mamata Scheme [J]. Plos One, 2017, 12 (12): 1 –19.

[193] Teruel R. G., Kuroda Y., Public Infrastructure and Productivity Growth in Philippine Agriculture, 1994 –2000 [J]. Journal of Asian Economics, 2005, 16 (3): 555 –576.

[194] Vercammen J., Farm Bankruptcy Risk as a Link between Direct Payments and Agricultural Investment [J]. European Review of Agricultural Economics, 2007, 34 (4): 479 –500.

[195] Vigani M., Dwyer J., Profitability and Efficiency of High Nature Value Marginal Farming in England [J]. Journal of Agricultural Economics, 2020, 71 (2): 439 –464.

后　记

古语云：民以食为天。对于中国这一人口大国，粮食安全的极端重要性不言而喻。而作为国家治理的基础和重要支柱，公共财政理应通过相应的制度设计与政策实践以促进国内粮食生产、保障国家粮食安全，这也是撰写本书的朴素初衷。在为期4年的时间里，从研究框架的搭建到研究思路的设计，从研究内容的选择到研究方法的学习，从文献收集、资料整理、田野调查、回归分析到阶段性成果撰写、专家咨询、修改完善，凝聚了诸多前辈专家的悉心指导和真知灼见，凝聚了诸多业内同仁、在校学生的鼎力支持和辛劳付出。

在此，首先感谢中南财经政法大学在我求学期间对我本人的不吝培养，感谢郑州大学在我从教之后对我本人的锻炼提升，夯实并增强了我从事学术研究的基础、能力；感谢各调研地地方政府、村民委员会为本书撰写过程中的实地调查及一手数据收集提供的诸多便利；感谢中南财经政法大学侯石安教授、陈池波教授、郑家喜教授、吴海涛教授、祁毓副教授、崔许锋副教授、郎晓娟老师及郑州大学陈力朋副教授等师长、同仁对本书各部分撰写过程中给予的有益建议，使我受益良多；感谢郑州大学商学院的学术著作出版支持，有力引导、激励了学院青年教师群体主动投身科研、参与实践；感谢经济科学出版社白留杰老师、杨晓莹老师为本书出版所付出的努力；感谢中南财经政法大学工商管理学院及郑州大学商学院部分本科生、研究生为本书撰写过程中所需的实地调查、文献收集等做出的贡献。当然，我还要感谢一直以来默默奉献和支持我的家人，是他们在我写作陷入瓶颈期、焦虑期时给我以心灵疏导与暖心关怀，助我渡过难关。最后，请允许我再次由衷地向各位表示真诚、衷心的感谢！

大学时期，我就开始关注粮食安全及农业补贴问题。这既有导师的引导，又有自身对该领域浓厚的研究兴趣。"纸上得来终觉浅，绝知此事要躬行"。就我本人而言，我热衷于通过"田野调查"的方式去深入农村、访谈农民、研究农业，支持将论文写在祖国大地上。研究中国的粮食安全问题，更应该深入田间地头与各类涉粮主体深度交流。单就这一点而言，我一直在坚持并将持续保持这一研究习惯。

　　客观而言，由于本人学识和能力有限，书中不免有许多不足和缺点，在此也恳请各位专家学者给予批评指正。

赵和楠

2022 年 2 月